Deux en un:
Excel et Access 2018 pour les débutants

Deux en un:
Excel et Access 2018 pour les débutants
Ali Akbar

Kanzul Ilmi Press

2018

Première impression: 2018

ISBN: 9781726813228

Editeur: Zico Pratama Putra

Kanzul Ilmi Press

Woodside Ave.London, Royaume-Uni

Librairies et grossistes: S'il vous plaît contacter Kanzul Ilmi email Presse

zico.pratama@gmail.com.

Remerciements de marque

Tous les termes mentionnés dans ce livre qui est connu pour être des marques déposées ou des marques de service ont été capitalisés correctement. Microsoft, Inc., ne peut pas attester de l'exactitude de ces informations. L'utilisation d'un terme dans ce livre ne doit pas être considéré comme ayant une incidence sur la validité d'une marque de commerce ou de service.

Mme Excel et Ms Access sont des marques déposées de Microsoft, Inc.

À moins d'indication contraire aux présentes, les marques de tiers qui peuvent apparaître dans ce travail sont la propriété de leurs propriétaires respectifs et toutes les références à la marque tiers, logos ou autres habillages commerciaux sont à des fins démonstratives ou descriptives seulement

Informations de commande: Des remises spéciales sont disponibles sur les achats de quantité par les entreprises, les associations, les éducateurs et les autres. Pour plus de détails, contactez l'éditeur à l'adresse ci-dessus énumérés.

CONTENU

EXCEL POUR DÉBUTANTS

Microsoft Excel et Access sont deux logiciels primaires dans un package MS Office. Microsoft. Excel est utilisé pour effectuer une analyse de feuille de calcul, et l'accès est utilisé pour faire une opération de données de base de données relationnelle. Ce deux logiciels peuvent être utilisés pour aider à tous vos besoins de bureau.

Pic 1.1 Excel et Access, deux logiciels les plus importants dans MS Office

1.1   Introduction à Excel

Microsoft Excel est l'application de tableur le plus important et le plus célèbre utilisé dans les entreprises et les bureaux à travers le monde. Excel peut être utilisé comme une calculatrice de feuille de calcul pour chaque type d'entreprise. Ceci est une application de tableur universel qui est facile à apprendre.

Une application Excel, possède de nombreuses fonctionnalités, telles que des calculs et des créations graphiques. Étant donné que ce programme est simple à apprendre, Excel devient tableur app les plus populaires aujourd'hui.

MS Excel utilisé sur de nombreuses plates-formes, telles que les fenêtres, ou Macintosh. Excel déjà sorti sur MacOC Depuis la version 5.0 sur 1993.

En ce moment, MS Excel fait partie intégrante du package Microsoft Office.

1.1.1 Exécution d'Excel

Excel en cours d'exécution peut être fait en utilisant de nombreuses techniques. Si vous utilisez Windows 8 ou au-dessus, cliquez sur Démarrer> Tous les programmes> Microsoft Office puis cliquez sur Excel. Ou vous pouvez utiliser la fenêtre Exécuter en cliquant sur Windows + R puis tapez et exécuter la commande « Excel ».

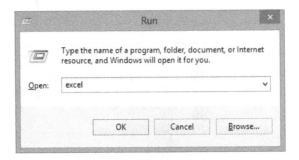

Pic 1.3 Si vous tapez « Excel » commande pour exécuter MS Excel

Un écran de démarrage émergera:

Pic 1.4 écran Splash Excel 2018

1.1.2 Cahier d'exercices Création

Le classeur est un fichier Excel. Cela peut être utilisé pour enregistrer toutes les informations dont vous avez besoin. Pour être en mesure d'effectuer un calcul de tableur, vous devez créer un classeur en premier.

Voici les étapes que vous pouvez faire pour créer un classeur:

1. Une fois la fenêtre Excel affichée, cliquez sur le classeur blanc:

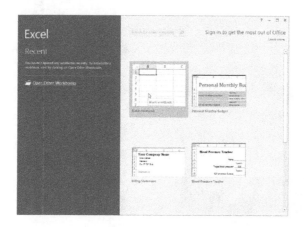

Pic 1.5 Cliquez sur le classeur vide pour créer un classeur

2. Un classeur vide sera mis en place, mais n'a pas encore enregistré. Vous ferez le calcul du tableur ici.

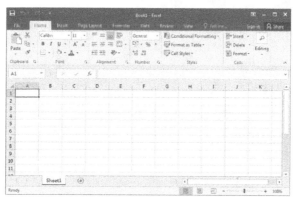

Pic 1.6 interface classeur Excel 2018

1.1.3 Introduction aux interfaces de l'Excel

Pour être en mesure de travailler avec Excel, vous devez connaître d'abord, les fonctions des boutons et d'autres interfaces d'Excel.

1.1.3.1 Barre d'outils Accès rapide

Barre d'outils d'accès rapide est une barre d'outils en haut à gauche de votre application Excel. Vous pouvez accéder à des commandes rapidement en utilisant cette barre d'outils, car vous ne disposez pas d'ouvrir des onglets de ruban. Sur son état initial, barre d'accès rapide ont seulement trois boutons, Enregistrer, Annuler et Répéter.

Pic 1.7 barre d'outils Accès rapide

Mais vous pouvez également ajouter d'autres boutons ou des commandes pour rendre votre accès à ces boutons plus rapidement. Voici les étapes que vous pouvez faire pour ajouter des boutons à la barre d'outils d'accès rapide:

1. Cliquez sur l'icône de flèche sur le côté droit de la barre d'outils d'accès rapide.

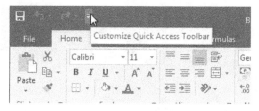

Pic 1.8 Menu pour personnaliser la barre d'outils Accès rapide

2. Cliquez sur le bouton de commande que vous voulez ajouter. Pour sélectionner d'autres commandes, cliquez sur**autres commandes**.

Pic 1.9 Menu d'insérer un nouveau bouton pour la barre d'outils d'accès rapide

3. Si il est déjà entré et a un signe coché, le bouton de commande va ajouter à la barre d'outils d'accès rapide.

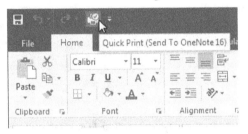

Pic 1.10 nouveau bouton déjà ajouté à la barre d'accès rapide

1.1.3.2 zone Nom

zone Nom affiche le nom de la cellule sélectionnée. Si vous choisissez une plage (plus de cellules), cela montrera l'identité de gamme. Par exemple, si est sélectionné cellule B4, zone Nom affiche « B4 », qui montre la colonne sélectionnée est B et la ligne sélectionnée   est   4.

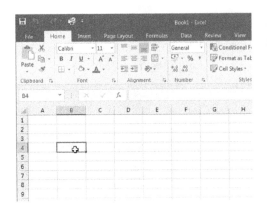

Pic 1.11 Lorsque l'affichage de la zone Nom « B4 ».

1.1.3.3 Barre de formule

Vous pouvez insérer des données ou modifier des données en utilisant la barre de formule. Par exemple, lorsque la cellule B2 est entré dans « 2018 », vous trouverez la formule bar comme celui-ci.

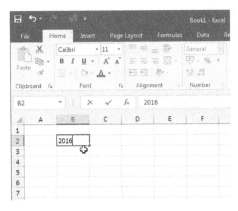

Pic 1,12 barre de formule lorsqu'un utilisateur saisit le contenu de la cellule B2.

1.1.3.4 rubans

Rubans contiennent toutes les commandes nécessaires pour effectuer des calculs, le formatage, etc. Ils ont beaucoup de rubans dédiés à chaque fonction, comme Home, Insérer, Mise en page, etc. Il suffit de cliquer sur l'onglet du ruban, il va afficher les boutons à l'intérieur du ruban .

Pic 1,13 Ruban dans Excel

1.1.3.5 Colonne

La colonne est la partie verticale de la cellule. Dans Excel, colonne identifiée par alphabets, tels que A, B, C et ainsi de suite.

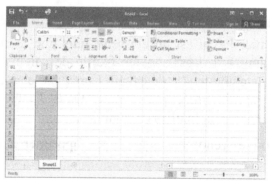

Pic 1,14 Colonne B sélectionné

1.1.3.6 Rangée

La ligne est la partie horizontale. Vous pouvez choisir une ligne sur sa gauche. Dans Excel, la ligne identifiée par un numéro.

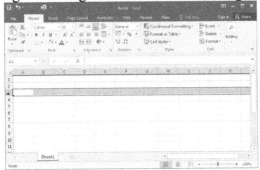

Pic 1,15 rang dans Excel

1.1.3.7 Feuille de travail

Si le fichier Excel est un classeur, puis une feuille dans une feuille de calcul Excel est appelée feuille de calcul. Un classeur peut avoir plus d'une feuille de calcul. Lorsqu'un classeur créé, il y aura sur la feuille créée par défaut. Dans l'ancienne version d'Excel, il y avait trois feuilles disponibles.

Vous pouvez renommer, ajouter et supprimer des feuilles de calcul.

1.1.4.8 Barre de défilement horizontale

Barre de défilement horizontale utilisée pour faire défiler la position de feuille de calcul sur Excel. Vous pouvez faire glisser la barre de défilement ou cliquez sur le bouton flèche droite ou gauche.

Pic 1,16 Scrollbar

1.1.4.9 contrôle du zoom

La taille de l'écran de feuille de calcul peut être zoomée sur ou zoomée. Vous pouvez utiliser ce bouton pour le faire. Il suffit de cliquer et le curseur de zoom pour faire glisser l'image plus ou moins grande. La valeur de zoom est visible sur la droite. Standard est de 100%. Si plus de 100% signifie plus, si elle est inférieure à 100% signifie plus faible.

Pic 1,17 commande de zoom pour contrôler le zoom

1.1.4 classeur ouvert

Pour ouvrir un classeur, vous pouvez effectuer les étapes ci-dessous:

1. Cliquez sur l'onglet Fichier.

2. Cliquez sur Ouvrir. Vous verrez la fenêtre ci-dessous:

Pic 1,18 menu Fichier> Ouvrir haut pour ouvrir le fichier Excel

3. Choisissez le fichier que vous souhaitez ouvrir:

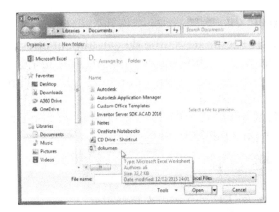

Pic 1.19 Sélectionnez le fichier à ouvrir

4. Vous pouvez également ouvrir dans un autre endroit, comme onedrive ou dans le réseau.

5. Clique le **Ouvrir** bouton, et le fichier sera ouvert.

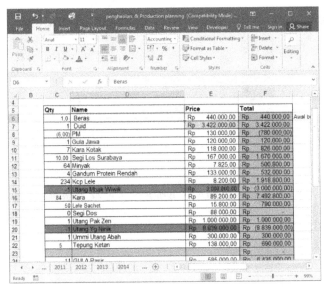

Pic 1,20 classeur ouvert

1.1.5 Cahier économie

Si le classeur déjà créé, vous pouvez modifier le contenu du classeur, puis enregistrez à nouveau le classeur. Économie signifie le changement que vous avez créé sera définitivement mis en œuvre.

Pour enregistrer, vous suffit de cliquer sur le raccourci CTRL + sur le clavier. Ou cliquez sur le bouton Disquette la barre d'outils d'accès rapide.

Pic icône 1,21 Disquette la barre d'outils d'accès rapide pour enregistrer le classeur

Vous pouvez également cliquer sur ruban de fichier. Cliquez sur Fichier> Enregistrer. Cela ouvrira la fenêtre Enregistrer sous si vous ne l'avez pas enregistré le fichier avant. Vous pouvez l'enregistrer dans onedrive, PC local ou un autre endroit dans le réseau en cliquant sur Ajouter un lieu.

Pic 1,22 Cliquez sur Enregistrer pour enregistrer dans ce PC

1.2 Opérations cellulaires

Une cellule est une intersection entre une ligne et une colonne. Vous pouvez mettre une valeur sur une cellule. Vous pouvez également créer des fonctions et faire des calculs de données ici.

1.2.1 Modifier la colonne, ligne et cellule

Une colonne a une largeur uniforme, mais vous pouvez agrandir ou la largeur de constriction colonne. Pour modifier la largeur de colonne, vous pouvez faire les étapes ci-dessous:

1. Placez le pointeur entre la colonne. Le pointeur changera son icône comme ci-dessous:

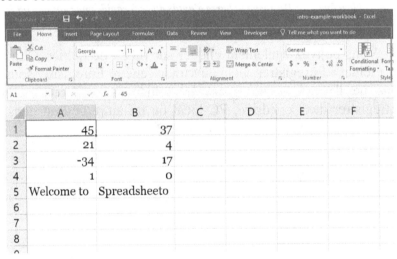

Pic 1,23 Put pointeur ci-dessous

2. Faites glisser la droite pour augmenter la largeur de la colonne. La taille de pixel de la largeur de la colonne émergera, vous pouvez le faire glisser pour correspondre à la taille souhaitée.

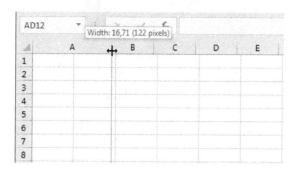

Pic1.24 Cliquez et faites glisser pour changer la largeur de la colonne

3. Si vous relâchez le clic de glisser, la nouvelle largeur de la colonne sera mise en œuvre.

largeur de pic 1,25 colonne après changé

4. Si vous voulez changer la largeur de la colonne en utilisant précisément la taille du numéro du pixel, puis cliquez sur l'entête de colonne, faites un clic droit et choisissez **Largeur de colonne** menu.

Pic 1,26 Choisissez la colonne menu Largeur

5. Saisissez la largeur de la colonne en pixels. Cliquez sur OK.

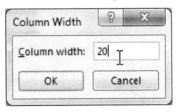

Pic 1,27 Entrer la valeur de pixel dans la colonne Largeur

6. La colonne va changer sa largeur en fonction de la valeur de pixel inséré.

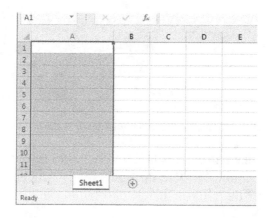

Pic 1,28 Largeur de colonne après avoir modifié en ajoutant la valeur de pixel

Pour les lignes, la méthode est similaire. Vous pouvez le faire en suivant les étapes ci-dessous:

1. Placez le pointeur sur la frontière entre les lignes. Le pointeur changera son icône comme cette image ci dessous:

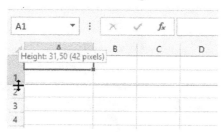

Pic 1,29 pointeur de l'icône a changé

2. Cliquez et faites glisser ci-dessous pour augmenter la taille de la ligne.

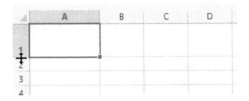

Pic 1,30 coulissant l'icône du pointeur pour redimensionner la ligne

3. Si vous voulez entrer dans la nouvelle taille de pixel de la ligne, il suffit de cliquer en-tête de ligne sur la gauche, puis cliquez sur **Hauteur de la ligne** menu.

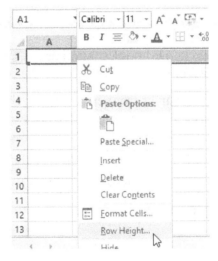

Pi c1.31 Faites un clic droit et choisissez le menu Hauteur ligne

4. Insérez la nouvelle valeur de hauteur de la ligne dans la pixel, puis cliquez sur OK.

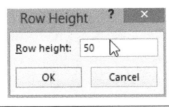

5. La taille de la ligne sera mise à jour.

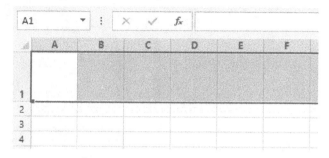

hauteur de Pic 1.33 ligne mise à jour

1.2.2 Mise en forme cellulaire

Le contenu d'une cellule peut être formaté en utilisant ces techniques:

1. Par exemple, la cellule B4 a un nombre régulier comme le pic ci-dessous; nous allons formater.

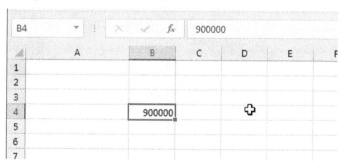

Pic 1,34 cellule B3 qui sera formaté

2. Faites un clic droit sur le cellule, et choisissez le menu Format de cellule.

Pic 1.35 Cliquez sur le menu Format Cells

3. Parce que le type de données du contenu de la cellule est un numéro, un onglet numéro apparaît. Dans l'onglet Nombre, vous pouvez choisir le type de numéro, que ce sera un numéro général, monnaie, etc.

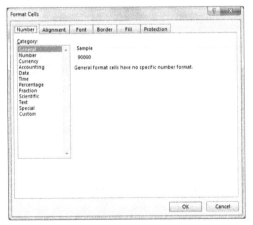

onglet Pic 1,36 Nombre

4. Pour créer une monnaie, cliquez sur la monnaie sur zone Catégorie. Ensuite, choisissez un symbole pour lamonnaie, et choisissez le montant de décimales nécessaire.

Pic 1.37 Configuration de la mise en forme de la monnaie

5. Dans l'onglet Alignement, vous pouvez configurer l'alignement du texte sur la cellule. Vous pouvez également modifier le degré d'orientation du texte en changeant la direction du texte sur la boîte d'orientation, ou en entrant la valeur de degré sur la boîte numérique vers le haut vers le bas**Degrés**.

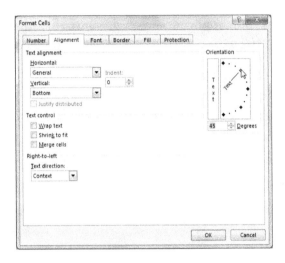

Pic 1,38 Configuration de l'orientation du texte

6. Cliquez sur l'onglet Police pour configurer le nom de la police, le style de police et taille de police du texte sur la cellule.

Pic 1,39 Modification des propriétés de police

7. Sur l'onglet Bordure, vous pouvez créer et définir le type de bord et les styles. Vous pouvez choisir le type de ligne du bord et dont une partie des cellules sont bordées.

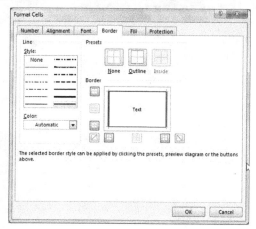

Pic 1,40 Changer la frontière

8. Sur le **Remplir**onglet, vous pouvez modifier la couleur de fond de la cellule. Modifiez la valeur sur remplissage> Couleur de fond. Vous pouvez également mettre en œuvre un modèle en sélectionnant le modèle couleur et modèle zone de liste déroulante de style.

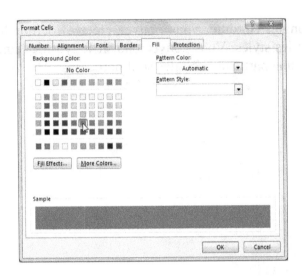

Pic 1,41 Modification des propriétés de remplissage

9. Cliquez sur **D'accord**, La cellule et le texte à l'intérieur seront modifiés selon le format choisi.

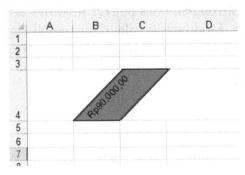

Pic 1,42 cellulaire et texte déjà changé

1.3 Principes de base de feuille de calcul

Une feuille de calcul est un lieu où le calcul des données est effectuée. Il y a quelques opérations de tableur de base que vous devez comprendre.

1.3.1 Ajouter la feuille de travail

La nouvelle feuille de calcul peut être ajouté en suivant les étapes ci-dessous:

1. Regardez le signe plus bas de la fenêtre Excel, sur le nom de la feuille de calcul. Cliquez sur ce signe plus.

Pic 1,43 Cliquez sur le bouton plus pour ajouter une nouvelle feuille de calcul

2. Une nouvelle feuille émergera avec la feuille de nom par défaut (avant + 1).

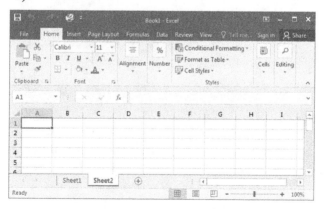

Pic 1,44 Nouvelle feuille emerge

---

3. Vous pouvez également utiliser la méthode clic droit pour créer une nouvelle feuille, un clic droit sur l'onglet de la feuille et cliquez **Insérer**.

Pic 1,45 En cliquant sur le menu Insertion pour ajouter une nouvelle feuille de calcul

4. Une fenêtre Insérer émergera, choisissez le nouveau type de feuille que vous voulez ajouter.

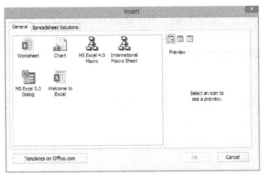

Pic 1,46 Sélectionnez le nouveau type de feuille

5. Vous pouvez également créer de nouvelles feuilles à partir de modèles existants cliquez simplement les solutions de feuille de calcul, puis cliquez sur OK. Beaucoup de modèles disponibles, tels que le rapport de ventes, relevé de facturation, etc. Vous pouvez voir l'aperçu dans la boîte de prévisualisation.

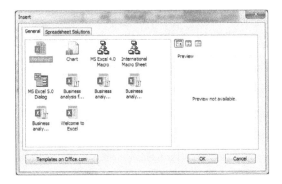

Pic 1,47 Insérer modèle

6. Si vous créez une nouvelle feuille à partir d'un modèle, la feuille nouvellement créée aura des données à l'intérieur. Vous pouvez modifier ou supprimer ces données si vous en avez besoin.

Pic 1,48 Nouvelle feuille créée avec le modèle aura des données à l'intérieur il

1.3.2 supprimer la feuille de travail

La feuille de calcul peut être supprimée du classeur. Voici comment supprimer feuille de calcul existante:

1. Faites un clic droit sur l'onglet de la feuille que vous souhaitez supprimer.

2. Cliquer sur **Effacer** menu pour le supprimer.

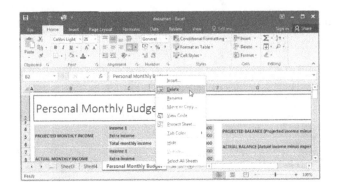

Pic 1,49 Cliquez sur le menu Supprimer pour supprimer une feuille

3. La feuille qui est retirée ne sera plus accessible.

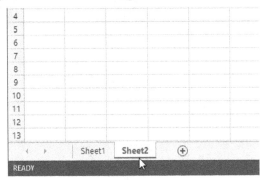

Pic 1,50 Feuilles onglet après la suppression

1.3.3 Changer les draps Commander

Feuilles insérées dans le classeur devront ordre en fonction du moment où il est inséré. Mais vous pouvez modifier l'ordre de la feuille par glisser-déposer.

1. Pour par exemple l'état initial comme celui-ci, nous voulons changer la position Sheet1 après Feuille2.

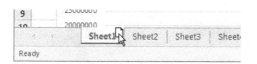

Pic 1,51 feuilles commande initiale

2. Cliquez sur Sheet1 puis faites glisser à droite après la position du Feuille2.

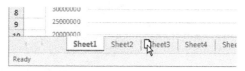

Pic 1,52 Drag Sheet1 à la feuille 2 Position

3. Relâchez le bouton de glisser, la position des sheet1 glissera à droite de la position de Feuille2.

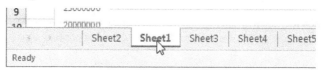

La position de Pic 1,53 Sheet1

1.3.4 renommer la feuille

Feuille insérée aura des noms par défaut comme sheet2, Feuil3, etc. Vous pouvez modifier le nom de la feuille pour rendre plus lisible la feuille.

1. Pour modifier le nom de la feuille, double-cliquez sur le nom des feuilles. Le nom de la feuille sera sélectionnée comme ceci:

Pic 1,54 Double-cliquez sur le nom de la feuille

2.   Tapez le nouveau nom.

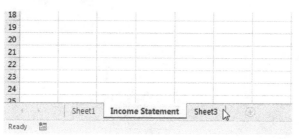

Pic 1,55 Tapez le nouveau nom

3. Cliquez sur Entrée de votre clavier, sera inséré le nouveau nom

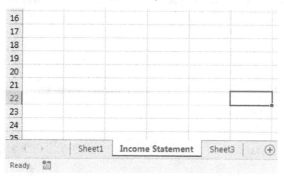

Pic 1,56 Nouveau nom sera inséré

4. Vous pouvez renommer à partir du menu clic droit, juste un clic droit sur le nom de la feuille et cliquez sur **Renommer** menu.

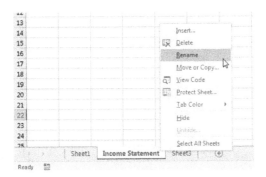

Pic 1,57 Cliquez sur le menu Renommer

5. Tapez le nouveau nom. Le nouveau nom sera mis en œuvre.

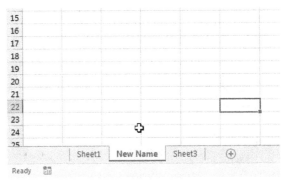

Pic 1,58 Type de nom

1.3.5 Mise en page

Non seulement peut être utilisé comme un outil pour faire calc tableur, mais Excel peut également fournir le résultat à papier imprimé. Avant de pouvoir imprimer, vous devez ouvrir l'onglet Mise en page sur le ruban qui accueille de nombreuses fonctionnalités de mise en page.

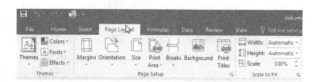

onglet Mise en page Pic 1,59

Cliquez sur Thèmes et choisissez un thème que vous voulez pour votre feuille de calcul entière. Le thème que vous choisissez changera automatiquement le texte, la couleur et la police de votre feuille de calcul.

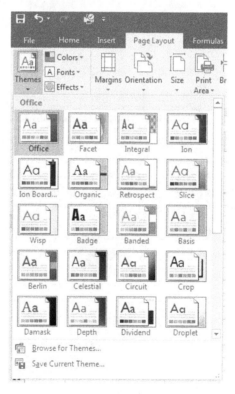

Pic 1,60 Liste thématique

Cliquez sur Marges> Marges personnalisées pour configurer votre marge. La marge est un espace entre l'extrémité de la zone imprimée à l'extrémité du papier. Si la marge que vous choisissez est pas disponible sur la liste, vous pouvez créer votre marge personnalisée.

Pic 1,61 Menu pour accéder à des marges personnalisées

Définissez ensuite le haut, à droite, en bas et les marges gauche. Vous pouvez définir la marge pour en-tête ou le pied de page également.

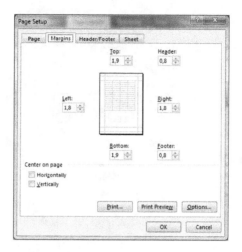

Pic 1,62 Définir la marge personnalisée

Orientation du papier peut être choisie entre portrait (vertical) ou paysage (horizontal).

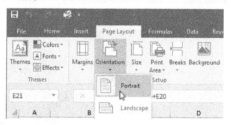

Pic 1,63 Changer l'orientation du papier

Pour changer la taille du papier, cliquez sur Taille et choisissez le type de papier.

Pic 1,64 Sélection du format de papier

Imprimer la section Zone utilisée pour définir la zone d'impression à partir de la feuille de calcul. Pas toutes feuille de calcul sera imprimé. Vous pouvez définir une certaine partie de la zone à imprimer.

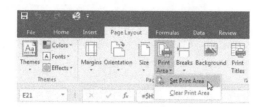

Pic 1,65 Définir la zone d'impression

Contexte utilisé pour insérer arrière-plan à la feuille de calcul.

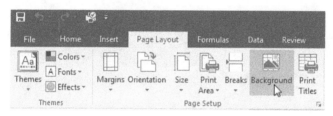

Pic 1,66 Cliquez sur l'onglet Arrière-plan

Vous pouvez choisir la source d'image, à partir du fichier local ou Bing Recherche. Bing est la propriété de Microsoft, MS Office supporte donc Bing plutôt que Google Recherche d'images.

Pic 1,67 Localiser source d'image pour le fond de feuille de calcul

Il suffit d'entrer le mot-clé pour votre image de fond la recherche, après que le résultat sera disponible en quelques secondes.

Pic 1,68 Images disponibles pour l'image de fond sur Bing Recherche

Si vous n'êtes pas connecté à Internet, vous pouvez choisir des images locales.

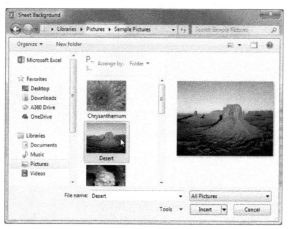

Pic 1,69 Localiser l'image de l'ordinateur local

Une fois l'image d'arrière-plan inséré l'arrière-plan sont de votre feuille de calcul sera pas plus simple.

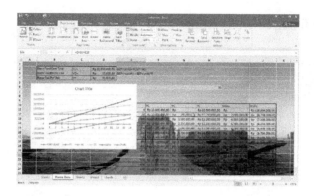

Pic état 1,70 Feuille d'après l'image de fond inséré

Si vous voulez supprimer l'arrière-plan, cliquez sur la mise en page> Supprimer arrière-plan.

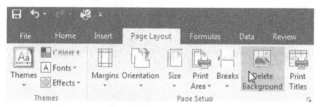

Pic 1,71 en cliquant sur Supprimer bouton Arrière-plan pour supprimer l'arrière-plan

Si vous souhaitez personnaliser la mise en page, cliquez sur la flèche sur le côté inférieur droit de la zone de mise en page dans la page ruban mise en page.

Pic 1,72 bouton pour afficher le programme d'installation de la page personnalisée

Une fenêtre de configuration de la page apparaîtra:

Pic 1,73 fenêtre Mise en page

Dans l'onglet En-tête / pied de page, vous pouvez insérer l'en-tête et pied de page pour chaque page dans le document imprimé. L'en-tête est un espace sur le haut de la page, tout en bas de page est une zone au bas de la page.

Pic 1.74 tête / onglet Pied de page

1.3.6 Feuille d'impression

L'impression dans Excel est pas aussi simple que dans MS Word. Vous devez définir la zone d'impression en premier. Il est différent avec MS Word, où une page dans MS Word apparaît dans un document si elle est imprimée directement.

Effectuez les étapes ci-dessous pour imprimer une feuille de calcul dans MS Excel:

1. Sélectionnez les zones (plus de cellules) que vous voulez imprimer.

2. Cliquez sur Mise en page languette. Cliquez sur la zone d'impression> Définir la zone d'impression.

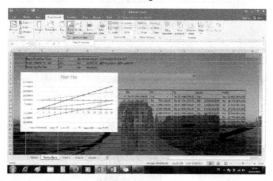

Pic 1,75 Cliquez sur le bouton Définir la zone d'impression

3. Mise en page> Fenêtre de feuille apparaît. Vous pouvez voir la zone d'impression sélectionnée dans la boîte de texte**Zone d'impression**.

Pic 1,76 Imprimer fenêtre de la zone

4. Cliquez sur **Fichier> Imprimer**.

Pic 1,77 Cliquez sur Fichier> menu Imprimer

5. Vous pouvez voir l'aperçu avant impression sur le côté droit. Vous pouvez également configurer les propriétés de l'imprimante (en option) dans les propriétés d'impression.

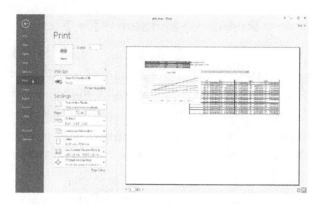

Pic 1,78 Aperçu avant impression

6. Si tout est OK, puis cliquez sur l'icône d'impression pour faire le travail d'impression.

1.4 formules Excel

Le noyau de logiciel tableur est des formules. Cela rend Excel est très intelligent et peut être utilisé pour faire beaucoup de calculs de tableur. En effet, Excel a la capacité de créer autant de formules, formule avec fonctions intégrées ou la formule que vous pouvez définir par vous-même.

formules Excel peuvent être utilisés directement sans avoir à installer des plug-ins ou des compléments d'abord. En effet, cette fonction est prise en charge par défaut dans Excel.

1.4.1 Créer des formules

Toutes les formules dans Excel, peu importe leur complexité, principalement définis avec une technique simple.

1. Cliquez sur la cellule que vous voulez créer la formule.

2. Cliquez sur le symbole égal (=) de votre clavier. Tout symbole égal racontera Excel que vous allez créer une formule.

Référence cellulaire 1.4.2

Vous pouvez créer une formule qui obtient la valeur d'une autre cellule. Il vous suffit de faire référence à l'autre cellule à la formule de telle sorte que la formule peut compter la valeur basée sur la valeur. Cette méthode présente de nombreux avantages:

1. Si la valeur dans une autre cellule modifiée, la formule sera mise à jour directement et afficher une nouvelle valeur.

2. Dans certains cas, en utilisant la référence cellulaire, vous pouvez copier la formule à une autre cellule (généralement des cellules adjacentes) dans une feuille de calcul, et la référence dans le nouveau copié mettra à jour dynamiquement à la cellule.

La méthode la plus simple pour faire référence à la cellule utilise une souris, cliquez sur la cellule que vous souhaitez référencer, cela automatiquement la cellule de référence dans la formule (après le signe =).

1.4.3 formules mathématiques

Base de formules mathématiques sont l'opérateur arithmétique, comme multiplication, division, ajouter et soustraire. Nous allons vous montrer comment utiliser l'opérateur en arithmétique étapes ci-dessous:

1. Il y a deux valeur numérique que nous voulons fonctionner en utilisant la formule de calcul Excel.

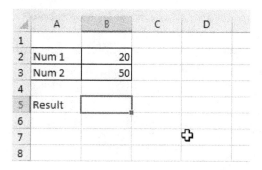

Pic 1,79 Deux valeurs numériques seront calculées

2. Entrez signe égal pour démarrer la création de la formule.

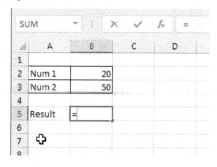

Pic 1,80 Insertion signe égal pour démarrer la création de formule

3. Cliquez sur la première cellule qui contient la valeur à utiliser, ou dans un autre mot, le premier opérande.

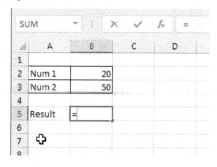

4. Insérez l'opérateur, pour cet exemple, Je vais utiliser l'opérateur plus pour effectuer une addition.

Pic 1,82 Insérer l'opérateur supplémentaire

5. Choisissez la deuxième valeur en tant que deuxième opérande.

Pic 1,83 Sélectionnez deuxième valeur à utiliser, le second opérande

6. Cliquez Entrée de votre clavier. Cela rendra la formule insérée. Vous pouvez voir la formule écrite sur la barre de formule, et le résultat de l'opération affichée dans la cellule.

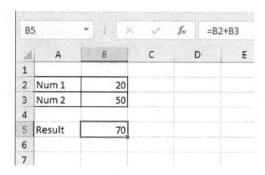

Pic 1,84 Formule déjà insérée

7. Si vous cliquez sur votre souris sur la cellule à nouveau, vous verrez la formule à nouveau.

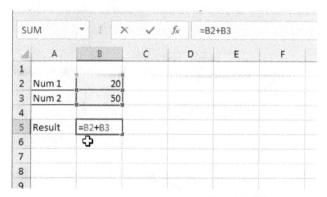

Pic 1,85 formule Excel est apparu lorsque vous passez la souris cliquez sur la cellule

8. Vous pouvez changer l'opérateur * pour faire la multiplication.

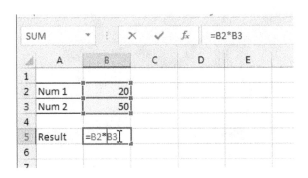

Pic 1,86 Modification de l'opérateur d'effectuer la multiplication

9. Cliquez sur Enter, le résultat de la multiplication sera affichée.

Pic 1,87 Résultat de la formule de multiplication

dix. Pour faire l'opération de division, changer l'opérateur de taper le symbole de la division (/).

11. Le résultat de la formule sera mise à jour une suite de la division.

Pic 1,89 Le résultat mis à jour en raison de la formule de division

12. Pour passer à l'opération de soustraction, l'utilisation moins (-) symbole d'opérateur.

symbole comme un opérateur pour la soustraction - 1,90 moins ()

13. Le résultat sera mis à jour

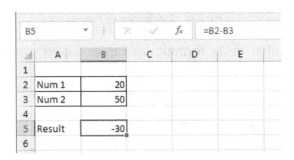

Pic 1,91 résultat Soustraction

14. A partir des étapes ci-dessus, vous pouvez voir les opérateurs arithmétiques utilisés dans la formule Excel sont les mêmes avec les mathématiques régulières.

opérateurs arithmétiques dans Excel ont des symboles:

1. Soustraction, signe moins (-).

2. Addition, plus signe (+)

3. Division, barre oblique signe (/)

4. Multiplications, signe astérisque (*)

5. Exponentielles, signe exponentielle (^)

1.4.4 Les plages nommées

La plage est un ensemble plus d'une cellule. Pour faciliter la création de formules, vous pouvez créer une plage nommée. Cela rendra la fonction plus lisible. Pour créer des plages nommées, vous pouvez utiliser les étapes ci-dessous:

1. Par exemple, il y a une table où la deuxième colonne sera définie comme une plage nommée.

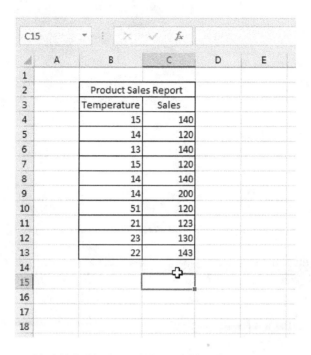

Pic 1,92 Table où sera nommé la deuxième colonne

2. Sélectionnez la plage que vous voulez être identifié, faites un clic droit et cliquez sur **définir un nom** menu.

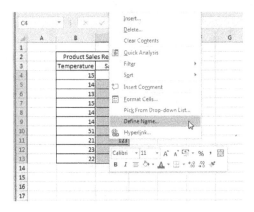

Pic 1,93 Plage sélectionnée

3. **Nouveau nom** fenêtre apparaît, insérez le nom de ce champ dans la zone de texte Nom.

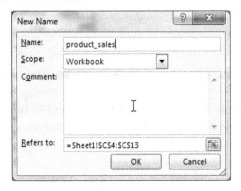

Pic 1,94 Nom Insertion de la plage sélectionnée

4. Lorsque vous choisissez une cellule qui est membre de la gamme, le nom non encore identifié.

Pic 1.95 Si seulement une cellule sélectionnée, le nom non encore identifié

5. Mais si vous choisissez toutes les cellules de la plage, le nom sera vu dans la zone de texte en haut à gauche, à côté de la zone de formule.

Pic 1,96 Nom de la plage désignée vue sur la partie supérieure gauche zone de texte

6. En utilisant la plage nommée, ce qui crée la formule plus facile. Parce que vous pouvez rendre la formule plus lisible, par exemple, vous pouvez il suffit de créer MOYENNE (NAMED_RANGE) pour calculer la valeur moyenne de toutes les cellules de la plage.

Pic 1,97 Plage nommée sur la formule utilisée

7. Si la Nom de NAMED_RANGE sélectionné (vous mettez votre pointeur là-bas), toutes les cellules dans le NAMED_RANGE sera choisi.

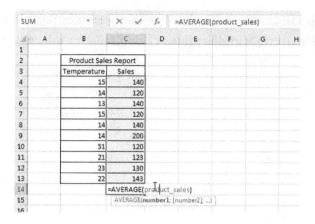

Pic 1,98 Toutes les cellules sélectionnées plage nommée

8.   Si la formule créée, la barre de formule affiche la formule plus lisible que la simple création de cellules en utilisant l'adresse.

	A	B	C	D	E	F	G
		C14		fx	=AVERAGE(product_sales)		
1							
2		Product Sales Report					
3		Temperature	Sales				
4		15	140				
5		14	120				
6		13	140				
7		15	120				
8		14	140				
9		14	200				
10		51	120				
11		21	123				
12		23	130				
13		22	143				
14			137,6				
15							

Pic 1,99 Plage nommée

1.5   IF et fonctions logiques

Pour rendre la formule plus avancée, vous pouvez utiliser Si et d'autres fonctions logiques. Cette fonction permet de créer un test logique pour gérer le flux de la formule. La valeur par rapport à l'aide IF et d'autres fonctions logiques est appelée booléenne. Valeur booléenne a seulement deux variations, Vrai ou Faux.

1.5.1 ET

Et retournera TRUE seulement si les deux opérandes a la valeur TRUE. La syntaxe est:

```
= ET (opérande_1, opérande_2, ... operand_255)
```

Vous pouvez voir sur les étapes ci-dessous:

1. Il existe deux valeurs, VRAI et FAUX.

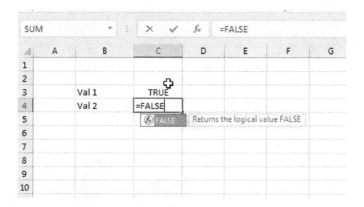

Pic 1,100 Deux valeurs VRAI et FAUX comme opérande

2. Tapez un signe égal, et la fonction de l'utilisation et suivie (Entrez l'opérande, et suivi).

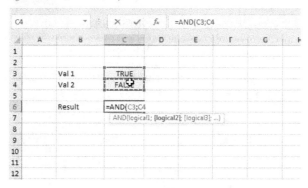

Pic 1,101 Saisie et la fonction et l'insertion de l'opérande

3. Le résultat est faux parce que l'un des opérandes est faux.

C6		▾	:	✕	✓	f_x	=AND(C3;C4)	

	A	B	C	D	E	F	G
1							
2							
3		Val 1	TRUE				
4		Val 2	FALSE				
5							
6		Result	FALSE				
7							
8							
9							

Pic 1,102 Résultat de la fonction ET est FAUX

1.5.2 OU

fonction OU renvoie une valeur VRAI si au moins l'un des opérandes a une valeur VRAI. La syntaxe sera comme ceci:

```
= OU (opérande_1, opérande_2, ... operand_255)
```

Le processus de création de cette fonction OU:

1. Entrez signe égal = et tapez « OU » pour insérer.

2. Choisissez la gamme des opérandes que vous voulez utiliser en utilisant la fonction OU.

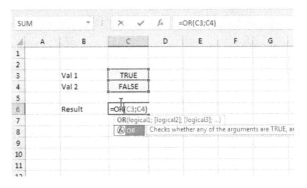

Pic 1,103 Sélectionner la plage d'opérandes à comparer l'utilisation OU

3. Le résultat de la fonction OU est vrai parce que l'un des opérandes a une valeur True.

Pic 1,104 Résultat de la fonction OU

1.5.3 SI

IF fonction est utilisée pour la prise de décision sur la base de la valeur logique. Vous pouvez définir ce que l'action est prise lorsque le test si une valeur est vrai et d'autres activités lorsque le test si une valeur FAUX.

1. Cliquez sur la cellule pour créer une formule en utilisant la fonction SI.

2. Entrez signe égal pour commencer à créer la formule.

Pic 1.105 Création formule avec la fonction SI

3. Créez le test logique, par exemple, nous voulons créer si la valeur de la cellule C4 plus de 50.

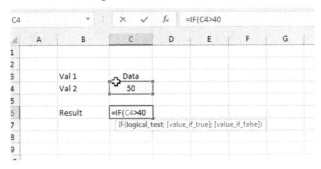

Pic 1,106 test logique

4. Définir le texte à afficher lorsque la valeur est vrai, et le texte à afficher si la valeur False.

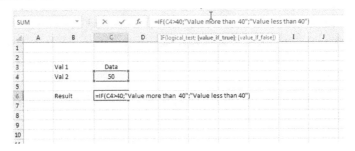

Pic 1.107 Définir la valeur de texte à afficher si vrai et si elle est fausse

5. Cliquez sur Enter, parce que le test si est vrai, le texte affiché sera le premier texte.

Pic 1.108 Deuxième texte est affiché parce que le test si égal à FAUX

6. Si la valeur de test a changé, de sorte que le test si une valeur False, le premier texte sera affiché.

Pic 1.109 Si la valeur de C4 mis à jour, le cas-test False

1.6 Utilisation des données

Lorsque vous traitez avec des données, il existe de nombreuses techniques pour rendre les données d'édition plus facile. Vous apprendrez quelques-uns d'entre eux ici.

1.6.1 gel Feuillets

Si les données très large et ne peut pas afficher dans une seule fenêtre, vous pouvez congeler le panneau de sorte que vous pouvez faire glisser des données, tandis que d'autres données ont été gelés.

Voici l'exemple:

1. Il y a un ensemble de données complète, nous voulons geler.

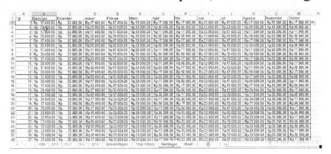

Pic 1.110 données large, nous voulons geler

2. Cliquez sur la cellule que nous voulons geler. Cette fonction est essentiellement en dessous de l'en-tête de colonne de données, et en-tête de ligne ou la colonne ou la ligne de gel (séjourunscrolled).

	A	B	C	D
1	Tgl	November	Desember	Januari
2	1	Rp 17.000,00	Rp 33.000,00	Rp 17.000
3	2	Rp 30.000,00	Rp 33.000,00	Rp 30.000
4	3	Rp 17.000,00	Rp 33.000,00	Rp 17.000
5	4	Rp 30.000,00	Rp 33.000,00	Rp 30.000
6	5	Rp 17.000,00	Rp 33.000,00	Rp 17.000

Pic 1,111 Cliquez sur la cellule qui servira

3. Cliquez sur **Vue** onglet sur le ruban, puis cliquez sur Gel Feuillets> Gel Feuillets.

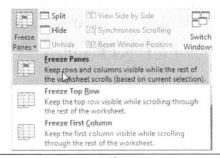

4. Après le gel, si vous faites glisser horizontalement les données seront de défilement horizontal, mais la colonne de gauche reste unscrolled.

▲	A	L	M	N	O
1	Tgl	September	Oktober		
2	1	Rp 33.000,00	Rp 17.000,00		
3	2	Rp 33.000,00	Rp 30.000,00		
4	3	Rp 33.000,00	Rp 17.000,00		
5	4	Rp 33.000,00	Rp 30.000,00		
6	5	Rp 33.000,00	Rp 17.000,00		
7	6	Rp 33.000,00	Rp 30.000,00		
8	7	Rp 33.000,00	Rp 17.000,00		
9	8	Rp 33.000,00	Rp 30.000,00		
10	9	Rp 33.000,00	Rp 30.000,00		
11	10	Rp 33.000,00	Rp 17.000,00		
12	11	Rp 33.000,00	Rp 30.000,00		
13	12	Rp 33.000,00	Rp 17.000,00		
14	13	Rp 33.000,00	Rp 30.000,00		
15	14	Rp 33.000,00	Rp 17.000,00		
16	15	Rp 33.000,00	Rp 30.000,00		
17	16	Rp 33.000,00	Rp 17.000,00		
18	17	Rp 33.000,00	Rp 30.000,00		
19	18	Rp 33.000,00	Rp 17.000,00		
20	19	Rp 33.000,00	Rp 30.000,00		
21	20	Rp 33.000,00	Rp 17.000,00		
22	21	Rp 33.000,00	Rp 30.000,00		

Pic 1,113 Colonne B, C défilée

5. Si les données de défilement vertical, les lignes en dessous de la ligne d'en-tête se défiler ci-dessus.

	A	L	M	N	O
1	Tgl	September	Oktober		
22	21	Rp 33.000,00	Rp 30.000,00		
23	22	Rp 33.000,00	Rp 17.000,00		
24	23	Rp 33.000,00	Rp 30.000,00		
25	24	Rp 33.000,00	Rp 30.000,00		
26	25	Rp 33.000,00	Rp 17.000,00		
27	26	Rp 33.000,00	Rp 30.000,00		
28	27	Rp 33.000,00	Rp 17.000,00		
29	28	Rp 33.000,00	Rp 30.000,00		
30	29	Rp 33.000,00	Rp 17.000,00		
31	30	Rp 33.000,00	Rp 30.000,00		
32	31	Rp 33.000,00	Rp 17.000,00		
33	Jml Total				
34					
35					
36					
37					

Pic 1.114 lignes alors que l'en-tête défilent ne

6.   Pour supprimer l'effet Figer les volets, cliquez sur l'onglet Affichage, puis cliquez sur **vitres Freeze> Libérer les volets**.

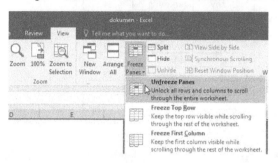

Pic 1,115 Cliquez pour Feuillets> Dégeler Feuillets

7. Après dégelé, les données apparaissent complètement en arrière.

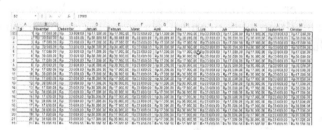

Pic 1,116 Les données apparaissent plein après dégeler

1.6.2 tri des données

A données numériques et alphanumériques peuvent être triés selon certains critères. Voici l'exemple:

1. Par exemple, il y a des données du travailleur.

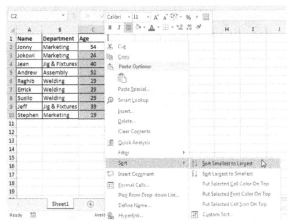

Pic 1.117 données de travailleurs

2. Pour une valeur numérique, vous pouvez trier de petites à grandes en sélectionnant les cellules, puis cliquez sur **Trier> Trier petit au plus grand**. Cela triera les données numériques du plus petit au plus grand

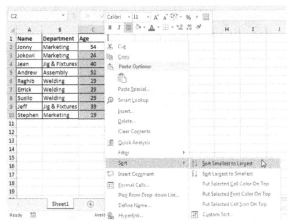

Pic 1,118 Trier petit au plus grand

3. Les données sur la colonne seront triés automatiquement, tandis que les données dans une autre colonne seront ajustés aussi parce que je choisis **Élargir la sélection**.

Pic 1,119 Résultat de tri

1.6.3 filtrage des données

Filtrage des données feront des données d'affichage uniquement Excel qui correspondent aux critères. Voici un exemple:

1. Cliquez sur la colonne à filtrer.

2. Faites un clic droit et choisissez **Filtre> filtrer par la valeur de cellule sélectionnée**.

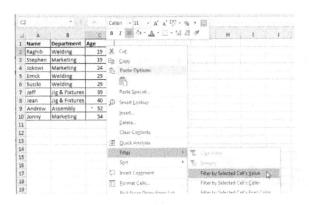

Pic 1,120 Filtrage par la valeur de la cellule sélectionnée

3. Tout le contenu de la table est vide. Cela se produit parce que tout est filtré.

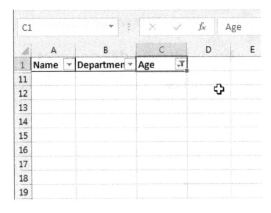

Pic 1,121 Tableau contenu vide parce que tout est filtré

4. Cliquez sur l'icône de filtre, puis choisissez Sélectionner tout pour afficher toutes les données.

Pic 1,122 Sélectionner tout pour afficher tout

5. Tout le contenu de la table sera affichée.

Pic 1,123 Tout le contenu affiché

6. Vous pouvez également filtrer des données à afficher en cochant la valeur que vous souhaitez afficher.

Pic 1,124 Vérification sur une valeur particulière pour afficher

7. Les données sélectionnées seront affichées.

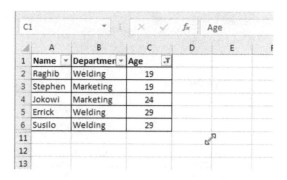

Pic 1,125 données sélectionnées seront affichés

8. Vous pouvez également créer des critères de filtrage. Pourpar exemple pour afficher des données qui a plus d'une valeur, faites un clic droit sur la colonne, puis filtres numériques> supérieur à.

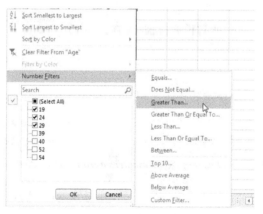

Pic 1.126 Filtres numériques> Supérieur

9. Entrer la valeur de filtrage, par exemple, sur 50 **Est plus grand que** une zone de texte. Cette valeur affiche uniquement des valeurs supérieures à 50.

Pic 1.127 Saisie des critères de filtrage

dix. Les données qui seront affichées seront les données avec une valeur> 50.

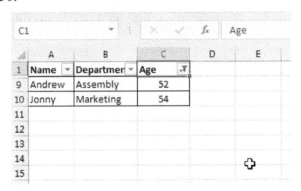

Pic 1.128 Les données présentées auront valeur de données> 50

11. Pour supprimer le filtrage, cliquez sur **Trier & filtrer> Filtre**. Le filtrage sera supprimé.

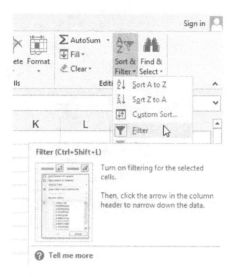

Pic 1,129 Menu pour supprimer le filtrage

1.6.4 Table

Une des données régulières dans Excel peuvent être formatés comme tableau Excel. Cette fonction fera la création de la manipulation des cartes et des données de tableau plus facile. Voici comment vous pouvez créer des données régulières comme une table:

1. Choisissez toutes les cellules que vous souhaitez intégrer dans une table.

| C10 | | f_x | 54 |

	A	B	C	D
1	Name	Department	Age	
2	Raghib	Welding	19	
3	Stephen	Marketing	19	
4	Jokowi	Marketing	24	
5	Errick	Welding	29	
6	Susilo	Welding	29	
7	Jeff	Jig & Fixtures	39	
8	Jean	Jig & Fixtures	40	
9	Andrew	Assembly	52	
10	Jonny	Marketing	54	
11				
12				
13				
14				

2. Cliquez sur Format qu'une table et choisissez le format de style de table que vous voulez.

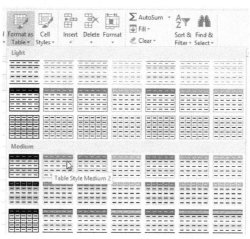

Pic 1,131 Choisir le format de style de table

3. La gamme sera choisie, vous pouvez voir la ligne en pointillés entourant votre table. Si la table a un en-tête, vérifiez**Ma table a en-têtes**.

Pic 1,132 Cliquez sur OK pour créer une table à partir de la plage sélectionnée

4. Cliquez sur OK, la plage sélectionnée deviendra un tableau Excel. Lorsque les données sont devenues une table, une flèche de filtrage apparaît sur l'en-tête.

Pic 1,133 filtrage flèche sur l'en-tête de chaque colonne

5. Lorsque vous sélectionnez une cellule en dehors, la plage encore sous forme de tableau. Une table peut également être sélectionné en insérant le nom du tableau**prénom** zone de texte.

Pic 1.134 Ranges déjà sous forme de tableau

1.7 Graphique et Tableau croisé dynamique

Le graphique est une représentation visuelle des données dans la feuille de calcul Excel. Le tableau fait utilisateur régulier peut comprendre des données plus facile que la simple lecture des données numériques. Excel en charge de nombreux graphiques comme suit:

1. Graphique circulaire: Utilisé pour montrer le pourcentage. Cela indiquera à quel point une tranche de la valeur de données par rapport aux autres tranches et les valeurs globales de la cellule.

2. Graphique à colonnes: Utilisé pour comparer les articles. Chaque colonne affiche une valeur de données.

3. Graphique à barres: similaire avec graphique à colonnes, situé juste à l'horizontale et non verticale comme une colonne.

4. Tableau de ligne: Nice montrer la tendance des données, de temps en temps.

Graphique appelé parfois comme graphique. Outre les tableaux ci-dessus, il y a beaucoup d'un autre type de graphique dans Excel.

1.7.1 Création graphique

Pour créer un graphique, vous devez faire trois choses:
Tout d'abord l'insertion de données, peu importe quel type de graphique que vous voulez créer, vous devez saisir les données à la feuille de calcul.

Lors de la saisie des données dans une feuille de calcul, s'il vous plaît examiner quelques éléments d'information ci-dessous:

1. Ne pas laisser la cellule vide ou ligne / colonne entre les données. S'il y a une ligne ou d'une colonne entre les données, ce qui fera Excel Assistant graphique pas efficace. Par

conséquent faciliteront la création graphique plus difficile, vous devez sélectionner manuellement les données.

2. Si vous pouvez, insérer des données dans le style de la colonne. Vous tapez simplement le nom de données dans l'en-tête, puis la série de données pour cet en-tête sous le nom d'en-tête dans une colonne.

Second est le choix des données.

10R x 2C ▾		*fx* Location	
A	B	C	D
1	Average Precipitation for World Cities (mm)		
2			
3	Location	January	April	July
4	Acapulco	10	5	208
5	Amsterdam	69	53	76
6	Anchorage	17	13	42.5
7	Dallas	48	87.5	62
8	Glasgow	110	50	61
9	Madrid	39	48	11
10	New York	99	100	115
11	Tokyo	101	121	189
12	Toronto	55.2	65.4	71
13				

Drag with mouse

Pic 1,135 données Choisir

Pour choisir les données, vous devez:

1. Cliquez dans le coin supérieur gauche des données

2. pointeur Faites glisser le pointeur de données, de sorte que chaque cellule doit être sélectionnée.

La troisième étape consiste en choisissant quelles méthodes ont été prises, en utilisant l'assistant de graphique ou manuel.

1.7.2 Création graphique de la colonne

Pour montrer comment créer un tableau, je vais vous montrer comment construire un graphique à colonnes. En suivant cet exemple, vous pouvez créer un autre type de graphiques facilement, car au fond, tout graphique est la même.

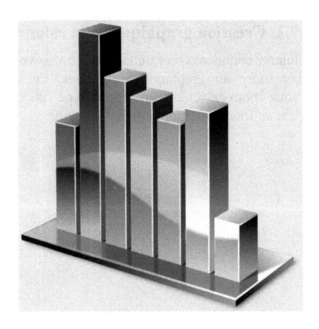

Pic 1,136 Colonne carte

Regardez l'exemple ci-dessous:
1. Les données de cet exemple comme celui-ci:

Vendeur	Ventes totales
Jimmi	10000
Joan	12000
Tri	18000
Tony	11000
Jerry	9000

2. Tout sélectionner la table, y compris le texte dans l'en-tête.

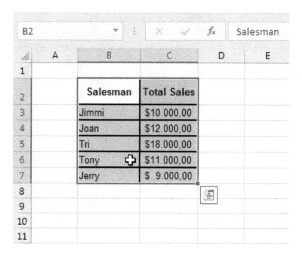

Pic 1,137 Sélection tous les composants de table

3. Cliquez sur Insérer un graphique, parce que le tableau que nous voulons créer est un graphique à colonnes, choisissez la colonne.

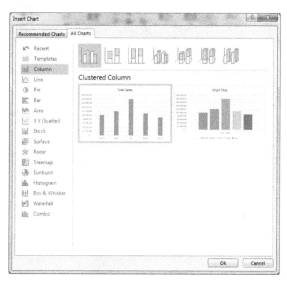

Pic 1,138 Création colonne

4. Cliquez sur un sous-type du type de colonne.

Pic 1,139 Choisir le sous-type de la colonne de tableau

5. Une table sera créée automatiquement.

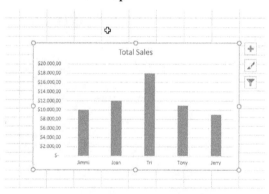

Table Pic 1,140 Colonne créé automatiquement

6. Vous pouvez également créer une table en cliquant sur Insérer> puis choisissez la colonne sous-type de la table de colonne que vous voulez créer.

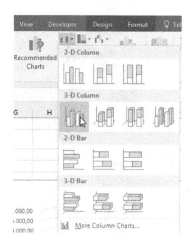

Pic 1,141 Choisir le type de table colonne

7. Une nouvelle table sera créée.

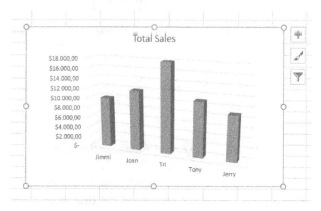

Pic 1,142 Nouvelle table créée

8. Le tableau déjà créé peut être personnalisé, par exemple, les lignes horizontales peuvent être supprimés en cliquant sur l'une des lignes, puis faites un clic droit et cliquez **Effacer**.

Pic 1,143 Utilisation du menu Supprimer pour supprimer des lignes horizontales

9. La ligne horizontale sera supprimée de la table.

Pic 1,144 Ligne horizontale supprimée de la table

dix. Pour formater certaines colonnes sur le graphique, faites un clic droit et choisissez **Format point de données**.

Pic 1,145 Menu Point Data Format des colonnes de format sur la carte

11. Le premier onglet est la série d'options. Vous pouvez modifier les propriétés de la profondeur et la largeur des options de série. Sélectionnez en changeant la profondeur et la largeur.

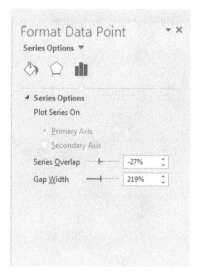

Pic 1,146 Options de la série

12.　Remplir onglet est utilisé pour gérer les couleurs, le motif ou l'image pour remplir les colonnes.

Pic 1,147 Format point de données

13. Après la colonne est modifiée, la colonne aura un style différent.

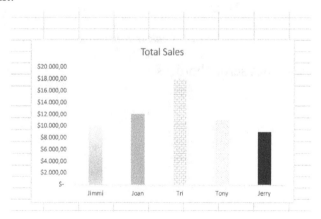

Pic 1,148 Colonne ont des styles différents

14. En bordure de couleur, vous pouvez définir quel type de frontière pour les colonnes.

Pic 1,149 Couleur de la bordure

15. Les colonnes seront bordées.

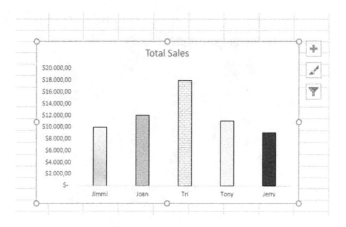

Pic 1.150 Colonnes après bordé

16. Dans l'ombre, vous pouvez donner des ombres pour les points de données / colonnes.

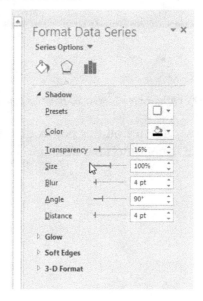

Pic 1,151 Configuration Ombre

17. Dans un format 3D, vous pouvez configurer le style 3D pour les points de données / colonnes.

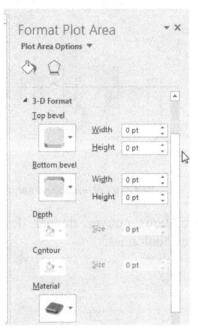

Pic 1,152 Configuration format 3D pour les points de données

18. Le format des colonnes ou des points de données de la carte sera différente de la condition par défaut.

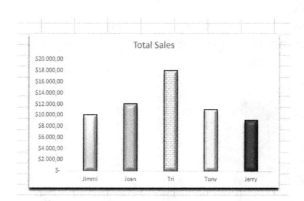

19. Pour modifier le titre du graphique, vous pouvez cliquer sur la zone de titre.

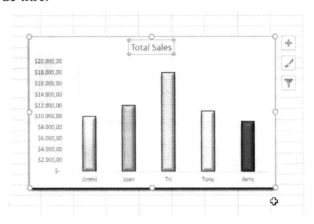

Pic 1,154 En cliquant sur la case de titre pour modifier le titre du tableau

20. Tapez le nouveau texte pour le titre.

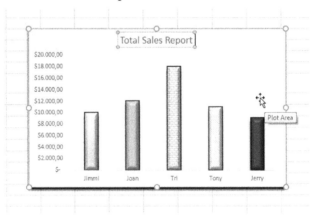

Pic 1,155 Taper nouveau texte pour le titre

21. Pour afficher les données la source, le clic droit et choisissez Sélectionner des données.

Pic 1,156 Menu pour sélectionner les données

22. Vous pouvez voir une série de données utilisées comme entrées de légende et des étiquettes d'axe.

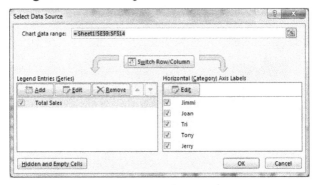

Pic 1,157 Source des données

23. Lorsque la fenêtre de source de données ouverte, vous pouvez voir quel acte de colonne comme les entrées de légende et les étiquettes de l'Axe.

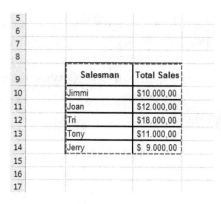

Pic 1,158 Source des données

24. Vous pouvez modifier le type de graphique à un autre type de colonne en cliquant **Colonne> Autre colonne Type**.

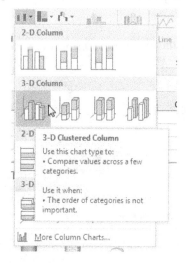

Pic 1,159 Colonne> Autre colonne Type

1.7.3 Tableau croisé dynamique

Une table peut pivoter pour créer un tableau pivotant. Ce tableau vous aidera à obtenir des informations plus clairement.

Vous pouvez voir les données agrégées qui ne peut pas être vu en utilisant la table standard. Voici comment créer un tableau croisé dynamique:

1. Cliquer sur **Insérer> Tableau croisé dynamique.**

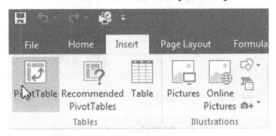

Pic 1,160 Cliquez sur Insertion> Tableau croisé dynamique

2. Choisissez la plage qui a des données pour faire la table et cliquez sur **D'accord.**

Pic 1,161 Choisir gamme pour créer un tableau croisé dynamique

3. boîte de table de pivot est apparu, mais vous n'ont pas vu des colonnes entrées.

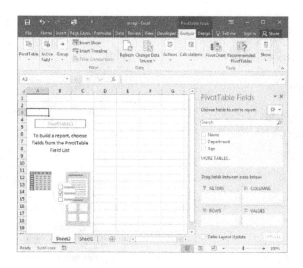

Pic 1,162 Tableau croisé dynamique entrée

4. Par exemple, si nous voulons connaître l'âge moyen pour chaque département, vous pouvez entrer image ci-dessous:

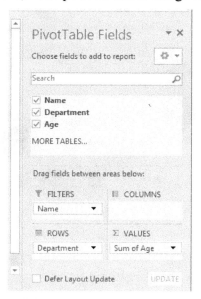

5. Vous pouvez voir la somme de son âge.

	A	B	C	D
1	Name	(All) ▼		
2				
3	Row Labels ▼	Sum of Age		
4	Assembly	52		
5	Jig & Fixtures	79		
6	Marketing	97		
7	Welding	77		
8	**Grand Total**	305		
9				

Pic 1,164 tableau croisé dynamique pour la somme de l'âge

6. Pour modifier le type d'agrégation, cliquez sur Somme de l'âge et cliquez **Paramètres de la valeur sur le terrain**.

Pic 1,165 Choisir Paramètres de la valeur sur le terrain

7. Choisir **résumer Type** Faire une moyenne.

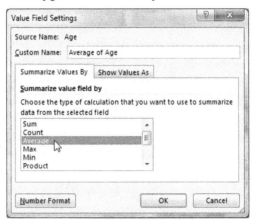

Pic 1,167 Choisir Résumer type de moyenne

8. Vous pouvez voir l'âge moyen de chaque département.

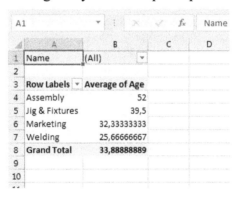

Pic 1,168 Age moyen par département

ACCÈS DÉBUTANT

Microsoft Access est un logiciel SGBDR, utilisé pour gérer les données dans une base de données. signifie SGBDR système de gestion de base de données relationnelle. Cette application appartient à l'application Microsoft Office. Cette application dispose d'une interface utilisateur intuitive et agréable interface graphique pour faciliter la gestion des données dans la base de données plus facile.

2.1   Présentation de MS Access

Microsoft Access peut gérer des données qui sont enregistrées dans de nombreux formats, tels que Microsoft Access, Microsoft Jet Database Engine, Microsoft SQL Server, Oracle Database et d'autres conteneurs de base de données qui prennent en charge la norme ODBC.

Développeur / programmeur peut utiliser MS Access pour développer des logiciels d'application simple ou complexe. L'accès prend également en charge la programmation orientée objet, bien que ne peut pas être classé comme un IDE de programmation complète POO.

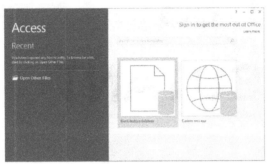

Pic 2.1 Accès 2018

2.1.1 MS Access Objects

Base de données principalement utilisé pour la base de données de stockage efficace, où les données peuvent être sélectionnées, mises à jour ou supprimés. Pour répondre à cette fonction, la base de données MS Access a plusieurs objets:

on	Objets	Fonction
.	Table	Un endroit pour enregistrer les données.
.	Question	Langue ou la syntaxe pour manipuler des données ou base de données.
.	Forme	Une interface pour gérer les données / informations contenues dans la base de données en utilisant l'interface utilisateur de bureau. Cette caractéristique rend l'interaction des données plus facile et utile des erreurs en

	évitant	
.	rapport	Objet pour afficher les données d'impression / information en tant que rapport. En règle générale, il est imprimé sur du papier.

2.1.2 Ouverture et fermeture MS Access

Pour exécuter MS Access, vous pouvez faire les étapes ci-dessous:

1. Le plus rapide est en cliquant sur Windows + R sur votre clavier puis tapez «msaccess » commande et cliquez sur OK.

Pic 2.2 Saisie commande « msaccess » dans l'accès MS

2. La fenêtre initiale MS Access ressemble à ceci:

Pic 2.3 initial MS Access fenêtre 2018

3. Pour fermer cette fenêtre, cliquez sur **Fichier> Fermer**:

Pic 2.4 menu Fichier> Quitter pour fermer la fenêtre MS Access

4. Vous pouvez également fermer MS Access en cliquant signe de la croix [X] en haut à droite de la fenêtre, ou en cliquant sur **ALT + F4** raccourci sur votre clavier.

Pic 2.5 Cliquez sur le signe de la croix en haut à droite de la fenêtre

2.1.3 Interfaces de MS Access

Lors de l'ouverture interface MS Access, il y a deux options. La première option consiste à créer une base de données vide et la seconde est la création d'une base de données à partir de modèles individuels.

Pic 2.6 Modèles disponibles

Si vous voulez créer une base de données basée sur des modèles, trouver le modèle en insérant le mot-clé dans la recherche de modèles en ligne de zone de texte. Vous pouvez faire défiler la fenêtre pour trouver un bon nombre de modèles ici.

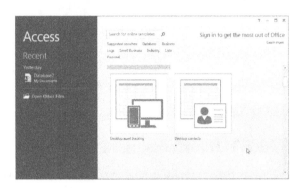

Pic 2.7 Modèles Office.com

Après le mot-clé inséré, et vous cliquez sur Entrée sur votre clavier, seront affichés tous les modèles liés au mot-clé entré.

Pic 2.8 Résultats de la recherche sur le mot-clé des modèles

Pour créer une base de données basée sur un modèle, cliquez simplement sur le modèle. Le détail du modèle sera affiché. Vous pouvez entrer le nom de la base de données que vous voulez créer dans zone de texte Nom du fichier. Ensuite, clique sur le bouton Créer pour créer la base de données.

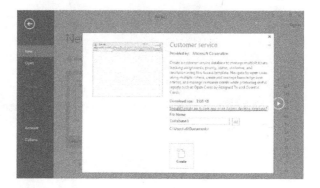

Pic 2.9 Le détail du modèle

Le modèle choisi sera téléchargé et créé.

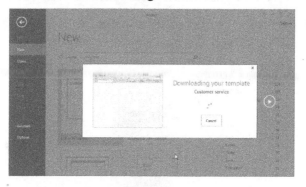

Pic 2.10 modèle est téléchargé pour créer une nouvelle base de données basé sur ce modèle

La nouvelle base de données aura déjà une structure:

Pic 2.11 nouvelle base de données a déjà une structure

2.1.4 Configuration des options MS Access

Pour pouvoir travailler efficacement, vous devez configurer les options d'accès MS à adapté à votre besoin de. Cliquez sur Fichier> Options pour configurer les options de l'application.

Pic 2,12 Cliquez sur Fichier> Options pour commencer la configuration des applications

Dans l'onglet Général, vous pouvez activer prévisualisation en direct, activer le type Clear pour améliorer l'apparence du texte sur MS Access. Vous pouvez également modifier la palette de couleurs de la fenêtre MS Access en choisissant dans zone de liste déroulante Thème Office.

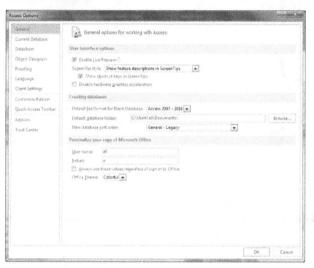

Pic 2.13 Onglet Général pour configurer les options générales de MS Access

Dans la base de données actuelle, vous pouvez configurer les options sur la façon dont se comportent de la base de données. Tels que le titre de l'application, les icônes d'application, vous pouvez définir si l'image, la navigation activée ou non.

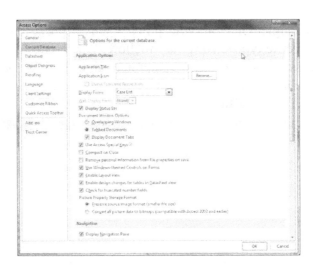

Pic 2,14 onglet Base de données actuelle

Dans l'onglet Feuille de données, vous pouvez configurer les Quadrillage et les effets cellulaires, et vous pouvez configurer la taille de la police, le poids police et le style de la police.

Pic 2.15 Configuration Quadrillage et polices

Dans Objet onglet Concepteurs, vous pouvez configurer les options pour la création d'objets, tels que la définition de type d'objet par défaut, vous pouvez également définir le texte par défaut du champ et la taille standard du champ.

Dans Création de requête, vous pouvez définir l'option lors de la création d'une requête, par exemple, si vous voulez afficher le nom de la table, champ de table, etc. Compte tenu de la conception Formulaire / rapport, vous pouvez définir les options lors de la création formulaire ou un rapport.

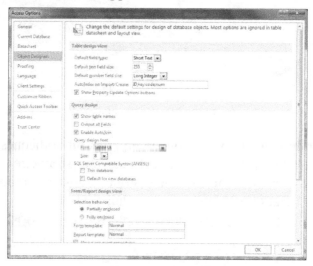

Pic 2,16 Object Designer

En Proofing, vous pouvez définir des options pour épreuvage MS Access, tels que les options, et correction automatique de correction d'orthographe. Vous pouvez définir la langue du dictionnaire comme base pour les épreuves de langue.

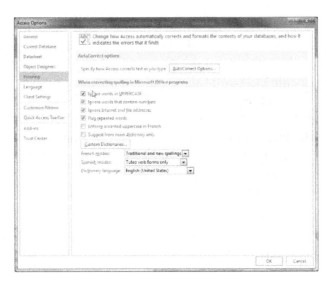

Pic 2,17 Langue Proofing Tab

Dans le langage, vous pouvez voir les bibliothèques pour la fonction d'édition. Cette fonction dépend de paramètres de votre ordinateur. Parce que j'utilise une interface utilisateur Indonésie, la valeur par défaut est indonésien et anglais.

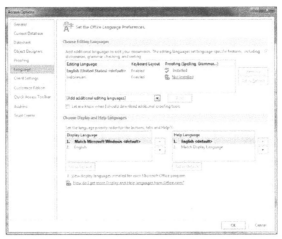

Pic 2,18 onglet Langue

Pour ajouter une langue, choisissez la langue dans zone de liste déroulante Ajouter une langue d'édition supplémentaires, puis cliquez sur Ajouter. Au début, la bibliothèque pour le statut de langue a été « Non installé. » Cliquez sur ce lien.

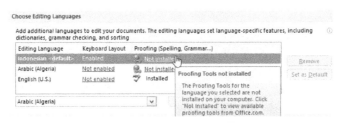

Pic 2,19 Cliquez sur Non installé pour ouvrir le paquet de langue

Une page de téléchargement va sortir de Office.microsoft.com. Il suffit de cliquer sur le lien de téléchargement pour télécharger le paquet épreuvage pour cette langue. Sur les paramètres du client, vous pouvez configurer les aspects de l'édition de MS Access, tels que, comment se déplacer après la saisie, la confirmation, le comportement, etc.

Dans Personnaliser le ruban, vous pouvez choisir de personnaliser le ruban, en ajoutant ou en supprimant des commandes et du texte à partir des commandes existantes dans le ruban.

Pic 2,21 onglet Personnaliser le ruban

Dans la barre d'accès rapide, vous pouvez ajouter le bouton dans la barre d'outils d'accès rapide. Cette fonction est en haut à gauche de la fenêtre.

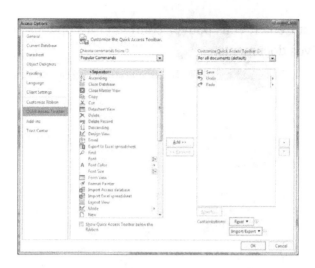

Pic 2,22 Personnalisation barre d'accès rapide

Dans Add-Ins, vous pouvez ajouter dans le logiciel pour ajouter des fonctionnalités à vos programmes MS Access.

onglet Pic 2.23 Add-ins

Dans Trust Center, vous pouvez configurer les options pour protéger vos documents.

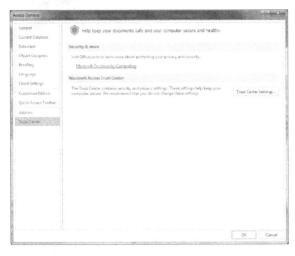

Pic 2,24 Trust Center

2.1.5 Créer, Enregistrer et Open Database

Avant de faire la manipulation de base de données, vous devez créer une base de données. Dans l'exemple précédent, vous avez créé une base de données à partir d'un modèle. Maintenant, vous devez créer une base de données vide.

Vous pouvez suivre le tutoriel ci-dessous:

1. Cliquez sur l'onglet Fichier.

2. Pour créer une base de données vide, cliquez sur base de données vide dans **le modèle disponible**.

Pic 2,25 Ajout base de données vierge

3. Remplissez le nom de la base de données dans la boîte de texte Nom du fichier, puis cliquez sur **Créer**.

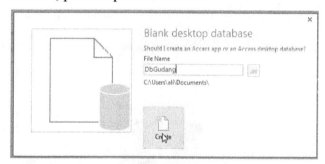

Pic 2,26 Cliquez sur Créer pour créer un nom de fichier

4. Une fois ouvert, vous pouvez voir la nouvelle interface de table. Mais la tablen'a pas encore créé parce que la table n'a pas été enregistré.

Pic 2,27 base de données vierge sur la fenêtre MS Access

5. Pour le fichier de base de données enregistrer, cliquez sur **Fichier> Enregistrer**.

Pic 2,28 Fichier> Enregistrer pour enregistrer le fichier de base de données MS Access

6. Pour enregistrer à un autre type de fichier de base de données, cliquez sur **Fichier> Enregistrer sous> Enregistrer base de données**.

Pic 2,29 Fichier> Enregistrer sous> base de données Enregistrer sous

7. Entrez le nouveau nom de fichier dans Enregistrer sous, cliquez sur **sauvegarder**.

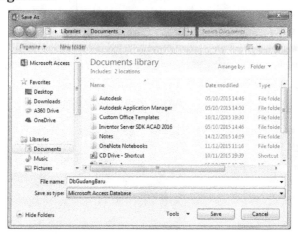

Pic 2,30 Nommer le fichier et cliquez sur Enregistrer

8. Si l'édition de base de données déjà terminée, cliquez sur **Fichier> Base de données Fermer** pour fermer la base de données.

Pic 2,31 Fichier> Base de données Fermer pour fermer la base de données

9. Pour ouvrir le fichier de base de données, cliquez sur **fichier>** Ouvrir.

Pic 2,32 Cliquez sur Fichier> Ouvrir

10. Choisissez le fichier de base de données que vous souhaitez ouvrir.

Pic 2,33 Choisir le fichier de base de données Access pour ouvrir

11. Le fichier sera ouvert, et vous pouvez manipuler votre base de données. Lorsqu'un fichier est ouvert, vous pouvez voir la barre de titre affiche le nom du fichier.

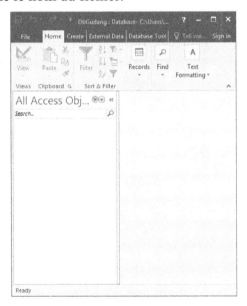

Pic 2,34 Fichier déjà ouvert, vous pouvez voir le nom de l'archive dans la barre de titre

2.1.6 Présentation des boutons en ruban

Dans le ruban, il y a quelques boutons que vous pouvez utiliser pour manipuler la base de données. La première est l'onglet Accueil qui contient des boutons pour modifier et base de données de format.

Pic 2,35 Tab Accueil di Ruban

Certains boutons dans l'onglet Accueil sont:

1. View : Changer la vue des objets de nombreux angles. Par exemple, modifier la table pour afficher ou données d'entrée.

2. Paste : Fichier coller ou objet du presse-papiers collectés à partir de l'opération de copie ou de coupe.

3. Cut: Objet de coupe. coupe-ted Object disparaît et reste sur le presse-papier, qui peut être collé en utilisant le bouton Coller.

4. Copy : Objet de copie. Objet est copié reste sur le presse-papiers.

5. Format Painter : La copie mise en forme d'un lieu (par exemple du texte) à un autre.

6. Filter : Les données de filtrage.

7. _____ : Montrant des données en utilisant l'ordre croissant, du plus petit au plus grand. De A à Z.

---

8. $\frac{Z}{A}\downarrow$ Descending : Montrant des données en utilisant l'ordre décroissant, du plus grand au plus petit, de z à un.

9. Remove Sort : L'élimination de l'effet de tri.

dix. Selection ▼ : Sélection Filtrage

11. Advanced ▼ : Faire un filtrage avancé

12. Refresh All ▼ : Rafraîchir tout

13. : Créer un nouveau record sur la table.

14. Save : Sauver nouveau record dans le tableau

15. ✗ Delete ▼ : Suppression de l'enregistrement.

16. Σ Totals : Résumant le total.

17. ABC Spelling : vérifier l'orthographe.

18. Find : Trouver certains textes.

19. Calibri (Detail) ▼ : Mettre la police à un style particulier.

20. 11 ▼ : Configuration de la taille de la police.

21. **B** : Mettre en œuvre le style gras aux textes sélectionnés.

22. *I* : Appliquer le style italique aux textes sélectionnés.

23. U̲ : Faites un clic droit souligne les textes sélectionnés.

24. A ▼ : Sélectionnez la couleur du texte.

25. : Sélectionnez la couleur de la cellule.

---

26. ☰ ☰ ☰ : Sélectionnez l'alignement en ligne, que ce soit à gauche, à droite ou au centre.

Le deuxième onglet est Créer. Il y a beaucoup de boutons pour accueillir des objets dans la création de MS Access.

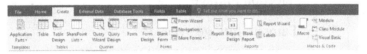

Pic 2,36 Tab Créer

Certains boutons dans l'onglet Créer sont:

1. Templates : Créer un objet basé sur le modèle disponible.

2. Table : Création d'une table.

3. Table Design : Passage à la conception de la table.

4. SharePoint Lists ▾ : Listes de points d'actions Gestion.

5. Query Wizard : Création d'une requête à l'aide d'un assistant.

6. Query Design : Création d'une requête en utilisant l'interface de conception.

7. : La création d'une nouvelle forme.

8. Form Design : Création d'un formulaire à l'aide d'une interface de conception.

9. Blank Form : Créer sous forme vide.

dix. Form Wizard : La création d'une nouvelle forme d'assistant.

11. Navigation ▾ : Ajout sous forme de navigation.

12. More Forms ▾ : Ajout d'une forme plus.

13. Report : La création d'un rapport.

Report
14. Design : La création d'un rapport à l'aide de la vue de la conception.

15. Blank Report : La création d'un nouveau rapport vierge.

16. Report Wizard : Création d'un rapport avec l'assistant

17. Labels : Entrer des étiquettes dans un rapport.

Macro
18. : La création d'une macro.

19.  𝕸 Module : Créer une macro pour le module

20. 🔲 Class Module : La création d'un module de classe

21. 📃 Visual Basic : La création d'un module de base visuelle.

Le troisième onglet est l'onglet Données externes. Cet onglet permet aux données d'importation et d'exportation.

Pic 2,37 onglet Données externes

Certains des boutons sur l'onglet Données externes sont:

1. Saved Imports : Affichage des importations enregistrées sur un document.

2. Linked Table Manager : Table liant à partir d'autres sources de données.

3. Excel : L'importation à partir d'Excel.

4. Access : L'importation de données à partir de MS Access.

5. ODBC Database : L'importation de la source de données ODBC.

6. Text File : Importation de fichiers texte.

7. XML File : L'importation à partir d'un fichier XML.

8. More ˅ : Importer d'autres fichiers.

9. Saved Exports : Exporter un document.

dix. Excel : Exporter des données vers un fichier Excel.

11. Text File : Exporter des données vers un fichier texte.

12. XML File : Exporter des données vers un fichier XML.

13. PDF or XPS : Exporter des données vers un fichier pdf ou xps.

14. E-mail : Exporter des données vers un fichier par courriel.

15. Access : Exporter des données vers un autre fichier d'accès.

16. Word Merge : En utilisant la fusion de mots.

17. More ˅ : Plus d'options pour l'exportation ms données d'accès.

18. Create E-mail : Créer un e-mail avec le document d'accès en tant que pièce jointe.

19. Manage Replies : Réponse Gestion.

Le quatrième onglet dans le ruban est Outils de base de données.
Ici vous pouvez voir de nombreux outils liés à la base de données.

Pic 2,38 Base de données onglet Outils dans le ruban

   Certains boutons de cette base de données onglet Outils sont
les suivants:

1.   Tools   : Compactage et réparation de base de données.

2. Visual Basic : Ouverture fenêtre VB pour faire de la programmation en
Visual Basic.

3. Run Macro : Exécution d'une macro.

4. Relationships : L'ouverture de la fenêtre de relation qui affiche les
relations entre les objets de base de données.

5. Object Dependencies : Affichage des dépendances d'objets.

6. Database Documenter : Open Documenter Base de données.

7. **Analyze Performance** : Analyser les performances des objets.

8. **Analyze Table** : Table Analyse

9. **Server** : Ouverture fenêtre SQL Server pour gérer la base de données SQL Server distante.

dix. **Access Database** : Les bases de données d'accès Gestion.

SharePoint

11.　　　　: Ouverture d'une fenêtre de SharePoint pour gérer la base de données SharePoint.

Add-ins

12. ▼ : Fenêtre add-ins Ouverture pour ajouter ou supprimer des compléments.

onglet suivant est l'onglet Mise en forme. L'apparition de cet onglet dépend des objets sélectionnés.

Pic 2,39 pattes de mise en forme qui affichent des objets connectés à

2.2　Introduction à l'objet Tableau

Une base de données a une table pour enregistrer les données. Sans la table, il n'y aura aucune requête et forme, en raison de la requête de requête et de la forme ou de manipuler les données de la table.

Le tableau ressemble à une forme de feuille de calcul; il a des lignes et des colonnes. Colonne représente un type particulier de données, tandis que la ligne représente les données sur un élément

---

individuel. La ligne de la table généralement appelée enregistrement.

Pic 2,40 Exemple de table, lignes et des colonnes

2.2.1 Tableau Création

Le tableau est l'endroit idéal pour la sauvegarde des données. Pour conserver les données efficacement, vous devez créer la table efficacement.

Voici comment créer une table dans MS Access:

1. base de données ouverte, s'il n'y a pas de table, vous pouvez voir la **Tous les objets d'accès** la fenêtre est en cours de vide.

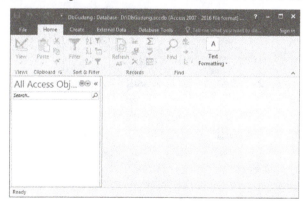

2. Cliquez sur Créer> Table pour créer une nouvelle table.

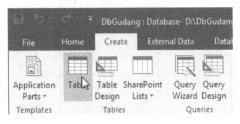

Pic 2,42 Cliquez sur Créer> Table pour créer un nouvel onglet

3. Une nouvelle table nommée Table1 émergera, et dans la fenêtre Tous les objets d'accès, une icône apparaît **Tableau 1**. Mais ce tableau n'a pas encore créé.

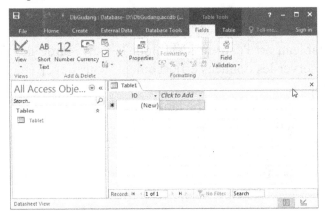

Pic 2,43 Tableau déjà créé, mais n'a pas encore enregistré.

4. Cliquez sur CTRL + S pour enregistrer la table. Une fenêtre Enregistrer sous sortir, insérez le nom de la table.

Pic 2,44 CTRL + S et le nom de la table d'insertion

5. Une table sera créée, le nom que vous avez entré sur la zone de texte sur la fenêtre précédente sera le nom de la table. Vous pouvez voir la table créée sur tous les objets d'accès> Tables.

Pic 2,45 Nom de la table déjà visible dans tous les objets d'accès

6. Commencez d'insérer le contenu à la table en changeant en mode création en cliquant sur Afficher> Création.

Pic 2,46 Cliquez sur Affichage> Création

7. Si vous ouvrez la vue de la conception, la table par défaut aura une clé primaire avec l'ID nom du champ et NuméroAuto de type de données.

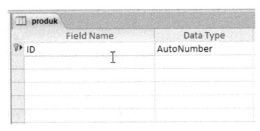

Pic 2,47 champ par défaut

8. Vous pouvez manipuler les champs en insérant l'identité, par exemple pour la table produits. Nous avons besoin de champ barcodeNumber.

Pic 2,48 Insertion Numéro de code à barres sur le terrain

9. Insérez d'autres champs si nécessaire. La partie inférieure de l'interface utilisateur a l'onglet Général que vous pouvez utiliser pour définir les propriétés plus avancées du champ.

Field Name	Data Type
BarcodeNumber	Short Text
Name	Long Text
Price	Currency
Stock	Number

Pic 2,49 Insertion des champs supplémentaires

dix.   Une table devrait idéalement avoir la clé primaire. La clé primaire est un champ utilisé comme une identité. Sa valeur doit être unique, le contenu en double n'est pas autorisé. Pour affecter un champ comme clé primaire, un clic droit sur l'en-tête de la ligne puis choisissez le menu clé primaire.

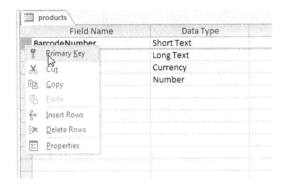

Pic 2,50 Menu pour insérer la clé primaire

2.2.1.1 Modification de la structure du tableau

Lorsqu'une table créée, la structure de la table peut encore être modifié à nouveau. Par exemple, renommer certains champs, champs changement de type de données, ou ajouter / supprimer certains champs. Ici

1. Par exemple, le champ boursier sera renommé à l'étagère.

Pic 2,51 état initial de table

2. Faites un clic droit sur le nom de la table, puis cliquez sur le menu Création pour passer à la vue de conception de type.

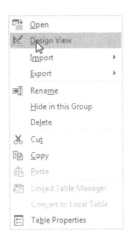

Pic 2,52 Cliquez sur le menu vue de la conception pour ouvrir la vue de conception

3. Une fois la fonction Design a créé, vous pouvez cliquer sur le nom du champ que vous souhaitez renommer.

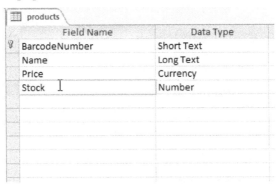

Pic 2,53 Cliquez sur le nom du champ pour renommer

4. Tapez le nouveau nom pour le champ. Cliquez ensuite sur CTRL + S pour enregistrer la table.

Pic 2.54 Sauvegarde après avoir renommé le champ

2.2.1.2 copie Tabel

Une table déjà créée peut être copié pour faire une autre table avec un contenu similaire. Voici les étapes à faire:

1. Cliquez sur l'icône de la table dans All Access fenêtre Objets. Cliquez ensuite sur le Accueil> bouton Copier.

Pic 2,55 Cliquez sur Accueil> bouton Copier pour copier

2. Cliquez sur Accueil> bouton Coller pour coller l'objet de table copié.

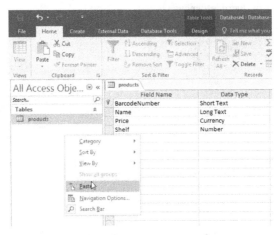

Pic 2,56 Cliquez sur Accueil> Coller pour coller l'objet de table

3. Une fenêtre intitulée Coller le tableau comme il ressort, vous pouvez définir l'option de copie de table. Par exemple, si vous voulez copier la seule structure, la structure et les données, ou ajouter des données à la table existante.

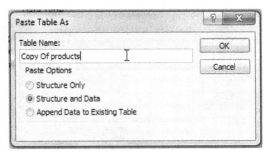

Pic 2,57 Coller Table Comme fenêtre

4. Vous pouvez renommer le nom du tableau de la zone de texte Nom de la table. Vous pouvez également définir si la structure ou la structure et les données ajoutées. Cliquez sur OK processus.

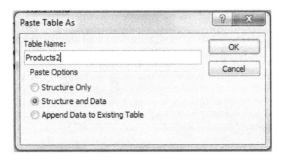

5. Le tableau nouvellement copié sera disponible dans tous les objets d'accès> fenêtre tableaux.

Le nom de Pic 2,59 Tableau créé à partir

6. Si la table nouvellement créée a ouvert, vous pouvez voir la structure et les données sont semblables à la table précédente.

Pic 2,60 Nouvellement ouvert table créée

2.2.1.3 Les champs Suppression

Les champs ne sont plus nécessaires peuvent être supprimés. Voici comment faire:

1. Faites un clic droit sur l'en-tête du champ que vous souhaitez supprimer, puis cliquez sur Supprimer le champ.

Pic 2,61 Supprimer le menu Champ pour supprimer un champ inutilisé

2. Le champ supprimé sera définitivement supprimé de la base de données.

Pic 2,62 sur le terrain sera supprimé

2.2.1.4 Types de données d'accès

Lors de la création d'une table, vous avez déjà eu affaire à certains types de données. Voici les détails de certains types de données dans MS Access:

1. Texte: Le type de données la plus utilisée. Ce type de données peut être utilisé pour les besoins alphanumériques. Par exemple, nom adresse, code postal, numéro de téléphone. Microsoft Access peut accueillir jusqu'à 255 caractères pour ce type de données. Il a deux variantes, texte court et à long texte.

2. Note: Ceci est presque similaire au texte, mais peut accueillir jusqu'à 64.000 caractères. Ce type de données est rarement utilisé car il ne peut pas être triée ou indexé.

3. Nombre: Ce type de données est utilisé pour enregistrer la valeur numérique qui utilise le calcul mathématique. Ne pas utiliser ce type de données pour un numéro de téléphone, par exemple parce que le numéro de téléphone n'a pas besoin d'être pris en compte.

4. Date / Heure: Ce type de données est pour la date et l'heure de sauvegarde, vous pouvez utiliser ce type de données pour

---

enregistrer la date de naissance ou d'acheter du temps pour un produit.

5. Devise

Cette fonction permet d'enregistrer les valeurs monétaires. Bien que vous pouvez utiliser le numéro pour économiser de l'argent jusqu'à quatre chiffres après la virgule.

6. AutoNumber: Ceci est une valeur entière longue utilisée automatiquement pour chaque enregistrement ajouté à la table. Vous ne devez pas ajouter quoi que ce soit dans ce domaine, NuméroAuto habituellement utilisé pour identifier chaque enregistrement d'une table.

7. Oui / Non: Ceci est pour sauver valeurs booléennes Oui ou Non

8. Objet OLE: Ceci est rarement utilisé, objet OLE utilisé pour enregistrer le fichier binaire, comme l'image ou des fichiers audio.

9. Hyperlink: Ceci est pour l'enregistrement des URL à une adresse spécifiée sur Internet.

dix. Pièce jointe: Vous pouvez utiliser ce type de données pour enregistrer un fichier ou même des fichiers dans un seul champ. domaine de l'attachement existe depuis Access 2007. Ce champ est plus efficace que le champ objet OLE.

Lors de la création d'une table, vous devez vous assurer une liste de contrôle sur le tableau ci-dessous nommer:

1. Longueur maximale du nom de domaine est de 64 caractères. Bien que vousdoivent donner un nom descriptif, assurez-vous qu'il est moins de 64 caractères.

2. Nom de champ ne peut pas contenir (.), point d'exclamation (!), guillemet simple / accent (`), ou entre crochets ([]).

3. Ne pas utiliser l'espace dans le champ ou le nom de la table. Si vous devez définir l'espace dans le nom du champ, utilisez underscore (_) à la place.

2.2.2 Tableau Suppression

Le tableau peut être inutile de supprimer en suivant les étapes ci-dessous:

1. Fermez la table d'abord, parce que ne peut pas être retiré de la table ouverte. Riss clique sur l'onglet du tableau et clique sur Fermer le menu.

Table Pic 2,63 clôture avant la suppression

2. Faites un clic droit sur une table dans All Access fenêtre d'objets, puis cliquez sur Supprimer.

Pic 2,64 menu Supprimer pour supprimer la table

3. Une fenêtre de confirmation apparaîtra, cliquez sur Oui.

Pic 2.65 Confirmation supprimer la table

4. Le tableau disparaît de tous les accès fenêtre d'objets. Cela montre que la table déjà retirée.

Pic 2,66 Le tableau supprimé disparaît de la fenêtre d'accès des objets Tous

2.2.3 Insertion de données et édition

Le tableau est un endroit pour enregistrer les données après la table créée, vous pouvez insérer des données et l'édition. Voici un tutoriel pour le faire:

1. Ouvrez la table que vous souhaitez insérer vos données dans, Cliquez sur la cellule en haut à gauche.

Pic 2,67 Placez le pointeur sur une cellule en haut à gauche dans la première rangée

2. Vous pouvez entrer des données en tapant directement dans le tableau. Pour un certain domaine, vous pouvez entrer en utilisant un autre lecteur d'entrée, comme lecteur de code à barres.

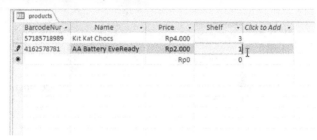

Pic 2.68 Insertion de données

3. Pour ajouter une nouvelle ligne / enregistrement. Cliquez sur la dernière ligne, et tapez tout comme la précédente.

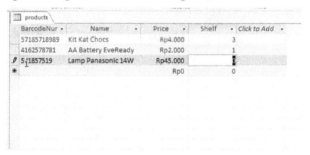

Pic 2,69 Insertion d'un nouveau record

4. Tout en tapant, vous pouvez voir l'icône du crayon à gauche. Cette icône signifie que les données sont encore en ajoutant.

products				
BarcodeNur ▾	Name ▾	Price ▾	Shelf ▾	Click to Add ▾
57185718989	Kit Kat Chocs	Rp4.000	3	
4162578781	AA Battery EveReady	Rp2.000	1	
571857519	Lamp Panasonic 14W	Rp45.000	1	
23187987	Chocolate Bar AA	Rp28.909	3	
*		Rp0	0	

Pic 2,70 icône du crayon montre les données sont encore en ajoutant

5. Les données d'une rangée peuvent être copiés sur une autre ligne. Il suffit de sélectionner la ligne rubrique sur la gauche, puis faites un clic droit et cliquez sur le menu Copier.

Menu Pic 2,71 contextuel pour procéder à une copie

6. Maintenant, cliquez sur la ligne que vous souhaitez et cliquez sur Coller.

Pic 2,72 Coller l'objet copié du presse-papiers

7. Après la pâte, le texte sera copié sélectionné rangée.

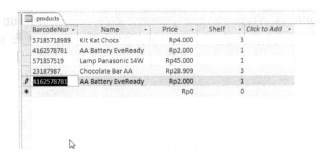

Pic 2,73 texte sélectionné après copié

8. Pour une occasion, quand une clé primaire ne vous permet pas de valeur identique dans un champ, vous pouvez modifier le texte copié avec une autre valeur.

Pic 2,74 Modification de texte en raison de la restriction de clé primaire

9. Pour supprimer un enregistrement, faites un clic droit sur le disque et cliquez sur Supprimer enregistrement menu.

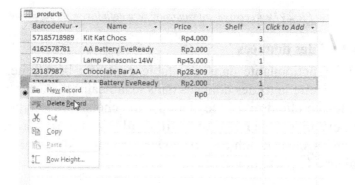

Pic 2,75 Supprimer menu Enregistrement

dix. fenêtre de confirmation apparaît, vous demande si « Vous êtes sur le point de supprimer un enregistrement (s) ». Cliquez **Oui** pour supprimer l'enregistrement de façon permanente.

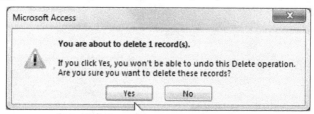

Pic 2,76 Enregistrement confirmation de suppression

11. L'enregistrement sélectionné sera supprimé et retiré définitivement de la table.

2.2.3.1 tri des données

Tri fonctionnalité dans une table peut être bénéfique. Voici comment faire le tri des données dans le tableau MS Access:

1. Faites un clic droit sur le champ, puis choisissez le type de tri, par exemple, **Trier le plus petit au plus grand** pour rendre les données dans le tableau affiché en fonction de la plus petite valeur à la plus grande valeur.

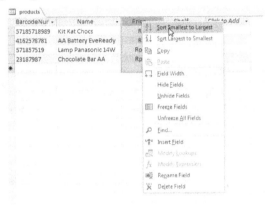

Pic 2,78 Tri du plus petit au plus grand

2. Les données seront triées en conséquence:

Pic 2,79 Les données triées du plus petit au plus grand sur le champ de prix

3. Le tri d'une table ne se limite pas à un seul champ. Vous pouvez également faire le tri sur plusieurs champs par exemple après le tri deschamp de prix. Vous pouvez trier le champ Nom de Z à A par un clic droit sur le champ, puis cliquez sur Trier z à un.

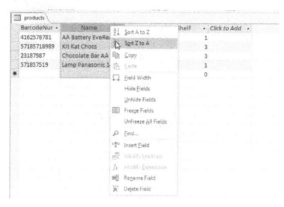

Pic 2,80 Tri de Z à A

4. Les données seront triées en conséquence, d'abord dans le domaine des prix, puis le champ Nom.

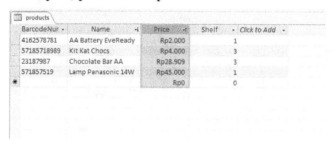

Pic 2,81 Tri des données en fonction du prix et le nom

5. Pour supprimer l'effet de tri, cliquez sur **Accueil> Supprimer Trier** dans la case Trier et filtrer.

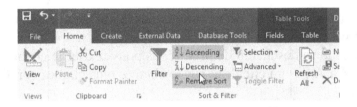

Pic 2,82 Supprimer sorte de supprimer la tri en fonction de l'alphabet

6. Après l'effet de tri retiré, le tableau aura l'ordre initial.

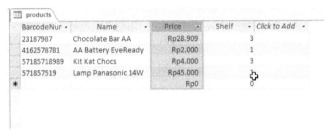

Pic 2,83 données avec l'ordre initial

2.2.3.2 Configuration hauteur de ligne

Hauteur de ligne peut être configuré comme dans Excel. Voici le tutoriel:

1. Sélectionner une ligne dans le tableau et cliquez à droite puis cliquez sur le menu Ligne de hauteur.

Pic 2,84 Hauteur de ligne

2. Une fenêtre Hauteur de ligne apparaît comme ceci:

Pic 2.85 Configuration Hauteur ligne

3. Entrez la hauteur de ligne que vous souhaitez par exemple 20, puis cliquez sur OK.

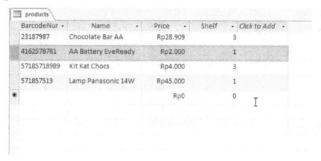

Pic 2,86 Hauteur de la ligne au bout de 20 pixels

4. Pour revenir à la taille initiale, faites un clic droit sur la ligne de hauteur et cocher la case texte en hauteur standard. Cette action va modifier la hauteur de ligne à 14,25.

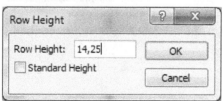

Pic 2,87 Hauteur de la ligne est revenu

5. Hauteur de la ligne sera revenu à la condition initiale.

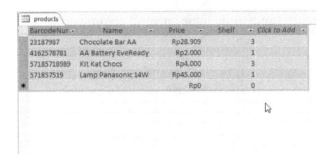

Pic Hauteur de la ligne 2,88 sera revenu à condition initiale

6. Vous pouvez effectuer un filtre sur les données par un clic droit sur le champ, puis vérifier les valeurs que vous souhaitez afficher.

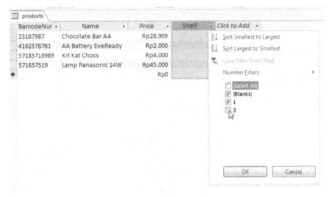

Pic 2,89 Vérifier les valeurs que vous souhaitez afficher

7. Les données seront filtrées et les valeurs cochés seront affichés.

Pic 2,90 Tableau filtré

8. Pour supprimer l'effet de filtrage, vérifier Accueil> Toggle Filter dans Trier & filtrer effet.

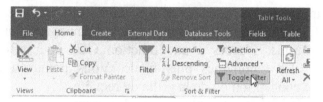

Pic 2,91 Vérifier le levier filtre pour éliminer le filtrage

9. Les données affichées seront revenir à l'état initial.

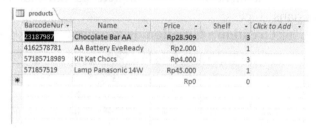

Pic 2,92 Toutes les données après effet de filtrage retirés

2.3 Requêtes de données

Les données sans analyse est seulement un tas de chiffres et de textes. Mais si vous analysez les données, les données peuvent être extraites comme informations. Dans Access, vous devez créer une requête pour analyser les données des tables.

2.3.1 Requêtes d'accès

Pour analyser les données, vous devez récupérer des données à partir de la table. C'est ce que la requête utilisé. La requête d'extraire des données de la source de données (tableau) et afficher uniquement les données qui correspondent à la requête créée, ou vous pouvez dire que le résultat de la requête.

2.3.2 Sélectionner une requête

Pour saisir les données d'une table, utilisez une requête SELECT. Cette requête va extraire des données en fonction de critères fournis. L'accès a une fonction GUI pour effectuer la recherche des toponymes plus facile. Vous pouvez utiliser la requête de conception ou de la grille de requête.

Dans la requête de conception, des composants comme des tables, des vues et des colonnes représentées visuellement, ce qui rend la requête aussi facile que l'organisation de puzzle. Voici un exemple de la façon de créer une requête en utilisant l'interface graphique dans Access:

1. Cliquer sur **Création> Création de requête**.

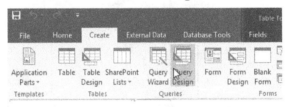

Pic 2,93 Cliquez sur Créer> Création de requête pour ouvrir la fenêtre Création de requête

2. Choisissez la table en tant que source de données dans la fenêtre Afficher la table.

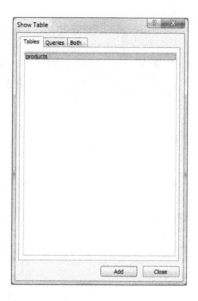

Pic 2,94 table comme source Choix de données

3. Les tableaux sélectionnés seront insérés dans la fenêtre de requête.

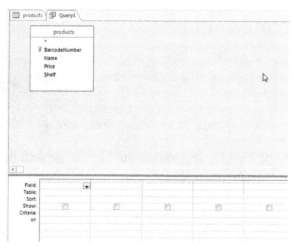

Pic 2,95 Tableaux ajoutés dans la fenêtre de requête

4. Pour créer une requête de sélection, cliquez sur **Design>**
Sélectionner sur le type de requête.

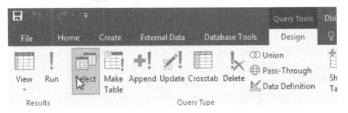

Pic 2,96 Cliquez sur Design> Sélectionner pour créer une requête SELECT

5. Choisissez les champs que vous souhaitez insérer.

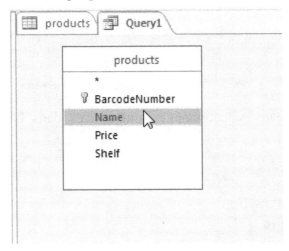

Pic 2,97 Choisir les champs à insérer

6. Les champs ajouté apparaîtra sur la partie inférieure de la
fenêtre de requête.

Pic 2,98 Un champ ajouté

7. Vous pouvez exécuter la requête en cliquant sur un **Design>**
   Exécuter (!) bouton.

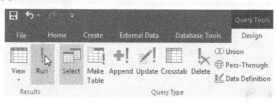

Pic 2.99 Exécution de la requête en cliquant sur Design> Exécuter

8. La requête affiche toutes les données de table à l'aide de la
   requête que vous avez créé.

Pic 2,100 données d'affichage de la requête d'une table

9. Pour voir l'instruction SQL (codes derrière la requête), faites un clic droit sur la requête et cliquez sur **vue SQL**menu. Ou vous pouvez cliquer sur Afficher> Afficher SQL dans la barre d'outils Access.

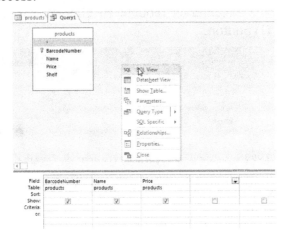

Pic 2,101 Menu pour ouvrir la vue SQL

dix. Vous pouvez voir l'instruction SQL SELECT créée visuellement

---

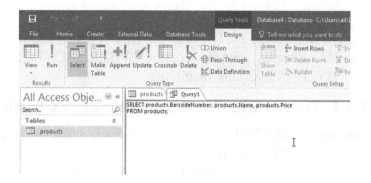

Pic 2.102 textes Déclaration SQL

2.3.3 SQL SELECT

Lorsque vous créez requête de sélection ci-dessus, au fond, vous créez instruction SQL SELECT visuellement. Pour vous permettre de créer plus efficacement requête SELECT, vous devez comprendre la signification de l'instruction SQL SELECT.

L'instruction SELECT ou instruction SQL SELECT est le plus populaire instruction SQL. L'instruction SELECT utilisée pour obtenir / extraire les données des tables dans la base de données.

Vous pouvez décider quels éléments d'information provenant des zones, de ce que les tables, vous pouvez également définir la logique de l'instruction SELECT par instruction WHERE. La syntaxe de l'instruction SQL SELECT est comme ceci:

```
SELECT column_list DE noms_tables
[Clause WHERE]
[Clause GROUP BY]
[HAVING]
[Clause ORDER BY];
```

Noms_tables sont le nom des tables que vous souhaitez extraire les données.

Liste_colonnes est les champs à afficher.

179

Une autre clause est facultative.

Dans SQL SELECT, que SELECT et FROM sont obligatoires, d'autres clauses comme WHERE, ORDER BY, GROUP BY, HAVING sont facultatifs.

2.3.4 Tri et utilisation des critères dans Choisir

instruction SELECT peut être classé en utilisant certains critères. Par exemple, si vous voulez que le résultat de la requête Sélection par classement ascendant champ de nom, alors vous pouvez choisir dans le tri ascendant champ Nom.

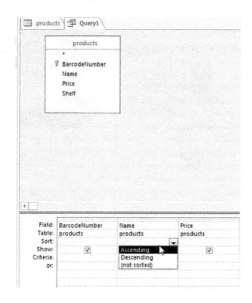

Pic 2,103 Choisir Trier en ordre croissant

Si la requête exécutée, les données seront triées par ordre croissant de a à z.

Pic 2,104 résultat de la requête triée croissant

Vous ajoutez également d'autres critères en utilisant l'opérateur booléen par exemple, ET. Imaginez si vous voulez que les

---

données triées par

Nom du champ, et le prix ci-dessus puis utilisez 2500> 2500 dans les critères.

Pic 2.105 Ajout d'un critère dans le domaine des prix

Si la requête exécutée, vous pouvez voir les règles affecte les données sélectionnées par la requête.

Pic 2.106 Les critères auront une incidence sur les données sélectionnées par la requête

Vous pouvez faire plus d'un critère, par exemple, le prix> 25 et le nom commence par g en entrant> « g » sur les critères de champ Nom.

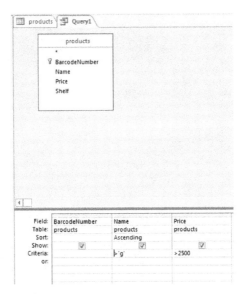

Pic 2,107 Utilisation de plusieurs critères

Si la requête exécutée, les règles auront une incidence sur les données sélectionnées.

Pic 2,108 Résultat de la requête après deux critères mis en œuvre

Si vous voulez trouver des données exactes, vous pouvez utiliser le signe égal et entrez les données que vous voulez trouver dans la ligne de critères.

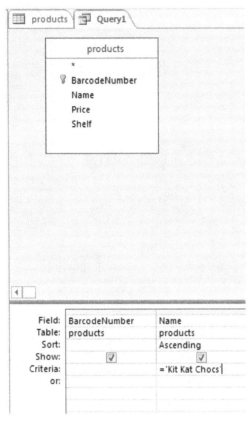

Pic 2,109 Trouver texte exact

Lorsque la requête exécutée, le résultat correct sera affiché.

Pic 2,110 résultat exact sera affiché

Pour enregistrer la requête, cliquez sur CTRL + S du clavier, entrez le nom de la requête.

Pic 2,111 Saisie nom pour la requête

Dans tous les accès fenêtre d'objets, vous pouvez voir la nouvelle requête déjà enregistrée.

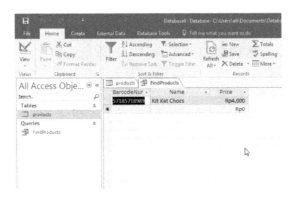

Pic 2,112 Tous les objets d'accès affichent une nouvelle requête sélectionnée

2.3.5 opérateurs Query

La requête peut utiliser plus d'un critère à l'aide des opérateurs. Les opérateurs font la combinaison valeur booléenne sur des critères plus faciles. Voici quelques opérateurs peuvent être utilisés dans la requête:

1. opérateurs arithmétiques: accès peuvent utiliser des opérateurs arithmétiques tels que =, +, -, *, /,>, <.

2. Ou: Cet opérateur retourne vrai si au moins un des critères est vrai.

3. Entre: Cet opérateur testera une certaine gamme, par exemple vérifier si des données entre la valeur A et la valeur B ou non?

4. Comme: Cet opérateur va tester l'expression de la chaîne si cette chaîne s'adaptera avec un certain motif ou non. Par exemple, vous pouvez filtrer enregistrer avec le nomsemblable à un certain texte.

5. Dans: Similaire ou, pour évaluer tous les enregistrements en fonction de la valeur dans l'argument. Cette syntaxe est très important si vous avez beaucoup de critères à évaluer.

---

6. Non: Ceci est l'inverse de In, pas filtrera tous les enregistrements qui est complémentaire à tous les arguments ().

7. Est nul: IS NULL filtrera tous les enregistrements dans la base de données qui a une valeur nulle.

***

A PROPOS DE L'AUTEUR

Ali Akbar est un auteur informatique qui a plus de dix ans d'expérience dans l'architecture et a été utilisé pendant plus de 15 ans. Il a travaillé sur des projets de conception, allant du grand magasin aux systèmes de transport au projet Semarang. Il est tout le temps le plus vendu auteur IT et a été citée comme auteur favori IT. Zico P. Putra est un technicien de niveau supérieur, consultant informatique, auteur, formateur et avec dix ans d'expérience dans plusieurs domaines de la conception. Il continue son doctorat dans la Queen Mary University of London. Pour en savoir plus https://www.amazon.com/dp/1521133646

PUIS-JE DEMANDER UNE FAVEUR?

Si vous avez apprécié ce livre, trouvé utile ou autrement je serais reconnaissant si vous posteriez un bref sur Amazon. Je lis tous les commentaires personnellement pour que je puisse écrire sans cesse ce que les gens veulent.

Si vous souhaitez laisser un commentaire, alors s'il vous plaît visitez le lien ci-dessous:

https://www.amazon.com/dp/B0722FJ59B

Merci pour votre aide!

www.ingramcontent.com/pod-product-compliance
Lightning Source LLC
Chambersburg PA
CBHW071245050326
40690CB00011B/2266